Peter Kummer

Warum geschieht gerade das ausgerechnet mir?

Die Wahrheit triumphiert nie,
doch ihre Gegner sterben langsam aus.

Max Planck

Das Leben ist kein Problem,
sondern eine Wirklichkeit,
die es zu erfahren gilt.

Buddha

Peter Kummer

Warum geschieht gerade das ausgerechnet mir?

- Ursachen und Zusammenhänge verstehen
- Ängste und Blockaden lösen
- Glücklicher und erfolgreicher leben

Die Deutsche Bibliothek – CIP-Einheitsaufnahme

Kummer, Peter:
Warum geschieht gerade das, ausgerechnet mir? : Ursachen
und Zusammenhänge verstehen ; Ängste und Blockaden lösen ;
glücklicher und erfolgreicher leben / Peter Kummer. –
Landsberg am Lech : mvg-verl., 1997
  ISBN 3-478-71920-8

© mvg-verlag im verlag moderne industrie AG, Landsberg am Lech

Umschlaggestaltung: Gruber & König, Augsburg
Satz: Fotosatz Buck, Kumhausen
Druck- und Bindearbeiten: Druckerei Himmer GmbH, Augsburg
Printed in Germany 071 920/297402
ISBN 3–478–71920–8

Inhaltsverzeichnis

Kapitel 5

Kapitel 6

Kapitel 9

Kapitel 10

Kapitel 11

Dank

Ich möchte mich gerne auf diesem Wege bei einigen Menschen bedanken, die mir bei der Entstehung dieses Buches mit Rat und Tat zur Seite standen und mir ihr Wissen zur Verfügung stellten. Es sind dies meine Münchner Geistes-Freundin Gertraud Schlemmer, sowie die Mitarbeiterinnen und Mitarbeiter des mvg-verlages in Landsberg.

Ein ganz besonderer Dank geht auch an mein Seminar-Team, allen voran an meine Cheftherapeutin Monika Junghanns, ebenso wie an deren ständige Mitarbeiterinnen Eva Becker, Anni Strobl, Hildegard Röltgen und Regina Steininger, ohne deren Arbeit und Unterstützung dieses Buch in dieser Form nicht möglich gewesen wäre.

Prolog

Als ich vor wenigen Wochen vor einem Regal in einer Pforzheimer Buchhandlung stand, um mich über die neueste Fachliteratur in Sachen Neues Bewußtsein zu informieren, hörte ich – zwar etwas unfreiwilig, aber um so interessierter– einem jungen Ehepaar zu, das in meiner unmittelbaren Nähe stand und dem Anschein nach auf der Suche nach geeigneter Lebenshilfeliteratur war. „Ich kann es bald nicht mehr hören", sagte der Ehemann. ‚Sorge Dich nicht – lebe!', ‚Du bist die Nummer 1', ‚Nimm Dein Glück selbst in die Hand', ‚So kannst Du Deine Träume verwirklichen', ‚Werde reich und glücklich', ‚Die dynamischen Gesetze des Reichtums', und so weiter und so weiter. Meditationen, Cassettenprogramme, Seminare, Vorträge … Aber was bitte, bis auf ein paar unbedeutende Teilerfolge, hat sich denn Ent-

scheidendes in unserem Leben getan, seit wir mit diesen
Büchern arbeiten? Komm, laß uns wieder gehen, das hat
doch alles keinen Sinn; wer wie wir beide in finanzieller
Hinsicht die ‚Krätze' am Hals hat, dem hilft eben wirklich
nur noch ein dicker Lotteriegewinn!'"

Seine Frau, die ihm die ganze Zeit schon kopfnickend
beipflichtete, machte ebenfalls und fast synchron mit ihm
auf dem Absatz kehrt, hakte sich energisch bei ihrem Gatten
unter, und während beide in Richtung Ausgang strebend keinen halben Meter an mir vorbeiliefen, meinte sie noch mit
tränenerstickter Stimme: „Kannst Du mir bitte sagen, warum gerade uns ein Nackenschlag nach dem anderen trifft,
wir haben doch niemandem etwas getan?"

Es wird zuwenig informiert

Plötzlich wurde mir bewußt, daß diese beiden jungen Leute
geradezu ein Paradebeispiel für so viele andere sind, die das
konstruktive Denken zwar anzuwenden und damit zu experimentieren glauben, aber mangels fundierter Hinter-
grundinformationen, warum, wie und vor allem weswegen
es so funktioniert, wie es dies tut, immer wieder neue Frust-
erlebnisse haben.

Es ist zwar völlig richtig, daß einem Menschen immer
nur das geschehen kann, was er tief in seinem Inneren wirklich will, und daß das Gesetz der Resonanz unfehlbar und
konsequent dafür sorgt, daß wir niemals mit Dingen oder
Ereignissen in Berührung kommen, die wir nicht selbst mit
unseren eigenen Gedanken verursacht haben. Aber reicht es
wirklich aus, nur immer wieder geistige „Gesetzestexte" neu
zu formulieren? Ist es nicht langsam an der Zeit, abseits aller Fachliteratur dem sogenannten Normalbürger verständ-

lich zu machen, warum dies alles so ist, weshalb einen ein kleinerer oder auch größerer Schicksalsschlag nach dem anderen treffen kann, und vor allem, was das mit uns selbst und unseren ureigenen Überzeugungen zu tun hat?

Die Grundgesetze des Denkens und Handelns

In diesem Buch erfahren Sie, woher wir alle kommen, wie und warum ausschließlich unsere Gedanken unsere Lebensumstände bestimmen, wohin wir nach unserem physischen Tode gehen und weshalb wir immer wieder geboren werden. Warum und vor allen Dingen wie und auf welchen Wegen Gedanken, die wir denken, sich materialisieren. Sie erfahren darüber hinaus, warum Sie mit Vornamen so heißen, wie Sie eben heißen und was das mit dem zu tun hat, was Sie als Seele in der heutigen Zeit in diesen Körper und auf diese Erde geführt hat. Lesen Sie, warum beispielsweise nur derjenige arbeitslos, krank oder auch mittellos werden kann, der dies unbewußt wirklich will.

Lernen Sie verstehen, was Sie tun und warum Sie es tun. Verstehen und begreifen Sie aus dem Effeff die unverrückbare Grundlage der ewig gültigen Gesetze des Denkens und Glaubens, damit auch Sie ab sofort wesentlich erfolgreicher mit den geistigen Techniken umgehen und sie zu Ihrem Wohl und Glück anwenden können.

Merke: Nur das Wissen ist mächtiger als alles Glauben und Hoffen.

Kapitel 1

• Praktische Lebenshilfe

Uns allen, die wir schon seit Jahren mit dem konstruktiven Denken und dem Neuen Bewußtsein arbeiten, ist mit der Zeit hinlänglich klar geworden, daß wir nicht auf diesem schönen blauen Planeten sind, um unsere Zeit so lange abzusitzen, bis wir eines Tages sterben, und auch ganz bestimmt nicht, um diese Erde langsam und systematisch zu zerstören. Wir wissen auch, daß es nicht viel gibt, was wir mit uns nehmen können, wenn wir eines Tages diese Welt wieder verlassen müssen, und deshalb ist die Mehrzahl von uns ständig auf der Suche nach seelischem Halt und bleibenden Werten.

Ein Weg, der sich uns dabei anbietet und der auch sehr erfolgversprechend ist, ist der des Neuen Bewußtseins. Seit über zwanzig Jahren arbeite ich unter anderem eben mit diesem Neuen Bewußtsein und vielen anderen Bereichen der sogenannten Esoterik.

Immer wieder, besonders aber in den letzten Jahren, sind mir dabei Menschen begegnet, die sich ebenfalls für dieses im Grunde uralte Wissen interessieren, aber für sich als Anfänger zuwenig hilfreiche und leicht verständliche Informationen finden konnten. Häufig werden sie von den Medien, die leider am häufigsten und am liebsten nur von den Schattenseiten des Lebens und auch von denen des Neuen Bewußtseins berichten, zusätzlich abgeschreckt beziehungsweise verwirrt.

Der Wert, den die Esoterik aber für jeden einzelnen von uns haben kann, ergibt sich erst aus der Art und Weise, der eigenen Anwendung von Geistestechniken in unserem Leben, und nicht aus der allgemeinen Vorstellung, die wir, respektive die Medien, darüber haben. Wie alles in unserem Leben kann auch das esoterische Wissen einerseits zu unserem Wohle, andererseits aber auch zu unserem Schaden angewandt werden.

• Feuer ist eine Energie

Um diese Aussage etwas zu verdeutlichen, sei hier einfach das Feuer als Beispiel angeführt. Das Feuer selbst kann man – und da stimmen Sie mir sicher zu – grundsätzlich weder als gut noch als böse bezeichnen, es kommt lediglich darauf an, auf welche Weise wir seine Energie verwenden. Mit Feuer heizen wir beispielsweise unsere Wohnung im Herbst und Winter, verbrennen Gartenabfälle oder wir kochen unser Essen damit. Das gleiche Feuer kann man aber auch benutzen, um einen anderen Menschen zu foltern oder jemandem das Haus über dem Kopf anzuzünden. Trotzdem ist es immer die gleiche Kraft, derer wir uns dabei bedienen. Wir wenden sie eben nur verschiedenartig an. Das Feuer selbst ist also völlig unpersönlich, es unterscheidet nicht zwischen richtig oder falsch; es entfaltet ganz einfach seine Energie dort, wo wir es gerne hätten. Als intelligente Menschen kennen wir alle den Wert des Feuers, und keiner von uns käme auf die Idee, es gar verbieten zu wollen, nur weil es auch in der Lage ist, zu zerstören oder zu verletzen. Man geht einfach vorsichtig damit um und versucht aufzupassen, daß es nicht in die falschen Hände gerät.

Genauso verhält es sich – wie bei so vielen anderen Dingen in unserem Leben – auch bei der Esoterik; sie ist ebenfalls weder gut noch böse, es kommt, auch wie dies beim Feuer der Fall ist, lediglich darauf an, wie wir sie anwenden.

• Es liegt allein an uns

Die ewig gültigen Lebensgesetze, die uns durch das Studium von Esoterik und Neuem Bewußtsein mehr und mehr enthüllt werden, sind aber eminent wichtig für unsere eigene geistige Entwicklung sowie für unser Lebensglück. Es liegt allein an uns, unsere einmal erworbenen Kenntnisse auf diesem Wissengebiet richtig einzusetzen. Niemand braucht sich vor diesen neuen Erfahrungen zu fürchten, im Gegenteil, im Verlauf meiner langjährigen Praxis als Autor und Seminarleiter konnte ich unzählige Menschen beobachten, deren Lebensumstände sich durch die richtige Anwendung der geistigen Gesetze von Grund auf zum Positiven verwandelt haben.

• Esoterik und die Medien

Obwohl sich die Medien hier in Deutschland, und überhaupt im deutschsprachigen Raum schlechthin, die allergrößte Mühe geben, alles, was nicht auf Anhieb populärwissenschaftlichen Normen zugeordnet werden kann, lächerlich zu machen und meist mit einem zynischen Kommentar versehen schnell in die Sektenecke abzudrängen, begreifen trotzdem – oder vielleicht gerade deshalb – immer mehr Menschen, daß es unendlich viele Dinge zwischen Himmel und Erde gibt, deren riesiges Energiepotential in direktem Zusammenhang mit uns und unserem Leben steht. Trotz fast erdrückender Beweise seitens der Natur, daß wir mit unserer ausschließlich materialistischen Sicht der Dinge völlig auf dem „Holzweg" sind, halten wir wie zornige Kinder unbeirrt an den alten Zöpfen fest, frei nach dem Motto: „Was der

Bauer nicht kennt, das frißt er nicht." Obwohl die Welt am Rande des ökologischen Kollapses steht, stellen wir nach wie vor ausschließlich unsere wirtschaftlichen Interessen in den Vordergrund, was sich u.a. auch überdeutlich an der unverantwortlichen Art und Weise zeigte, mit der die verantwortlichen Politiker 1995 beim Klimagipfel in Berlin die Chancen auf eine ökologische Kehrtwende verspielt haben. Um ein Bild zu verwenden: Wir alle sitzen auf einer tickenden Zeitbombe und schreien verzweifelt nach Hilfe. Trotzdem lassen wir, völlig betriebsblind geworden, nur diejenigen „Helfer" an uns heran, die schon viele tausend Mal zuvor bei dem Versuch, Feuer mit Benzin löschen zu wollen, kläglich gescheitert sind.

• Sie müssen den Nutzen selbst erkennen

Damit auch Sie, den größtmöglichen Nutzen aus den nun folgenden Seiten ziehen können, empfehle ich Ihnen: Vergessen Sie all das, was Sie bis jetzt in Ihrem Kopf über Neues Bewußtsein und Esoterik gespeichert haben. Was immer Sie in diesem Buch lesen, sollten Sie andererseits aber auch nicht einfach kritiklos hinnehmen, sondern es vorurteilslos lesen und dann über das Geschriebene nachdenken. Alles, was Sie danach als gut und richtig erkennen, dabei annehmen können, sollten Sie dann am besten sofort in Ihr tägliches Leben integrieren. Das, was Sie allerdings momentan nicht so richtig akzeptieren und annehmen können, das verbannen Sie danach ganz einfach wieder aus Ihrem Bewußtsein; wer weiß, vielleicht taucht es zu einem späteren Zeitpunkt wieder auf und ist gerade dann sehr nützlich für Sie.

• Ein umfangreiches Gebiet

Ich bin sicher: Wenn Sie in Ihrem Leben etwas Neues beginnen wollen, dann informieren Sie sich zuvor bestimmt so gut wie möglich; Sie befragen beispielsweise Freunde, Verwandte, Bekannte, konsultieren Experten oder lesen vielleicht Fachzeitschriften und -bücher darüber. Auf allen materiellen Gebieten des täglichen Lebens ist es heute relativ einfach, sich umfassend zu informieren, und trotzdem machen wir alle in der Praxis immer noch genügend Fehler. Das Gebiet des Neuen Bewußtseins ist ebenfalls sehr, sehr umfangreich und die Möglichkeit, in die Irre zu gehen, daher auch sehr groß. Andererseits sind bei unseren ersten Kontakten mit unserem inneren *Ich* aber so viele schützende Kräfte am Werk, daß wir absolut nichts zu befürchten haben, wenn wir damit experimentieren.

Wir nehmen nämlich bei jedem Lernschritt immer nur das wahr, was wir auch verstehen und handhaben können; alles andere bleibt uns solange verborgen, bis wir weiter fortgeschritten und reif dafür sind. Es ist wie früher in der Schule: Obwohl wir in der ersten Klasse das ABC lernten, konnten wir auch nicht gleich Goethe oder Schiller verstehen. Unsere natürlich angeborene Wachsamkeit und unsere Intuition bewahren uns nämlich ganz zuverlässig vor Irrwegen. Als Kinder in der Schule haben wir alle vieles gelernt, was uns im täglichen Gebrauch nützlich ist, manches davon allerdings, ohne dabei bewußt den Sinn und Zweck genauer zu hinterfragen. Wir als Erwachsene sollten mit dem Lehrstoff „Neues Bewußtsein" allerdings etwas vorsichtiger und kritischer als damals umgehen, denn es liegt allein an uns selbst, herauszufinden, was gut, richtig und hilfreich für uns ist.

Um aber in dieser Beziehung genauestens selektieren zu können, ist es notwendig, daß wir zunächst damit beginnen, unser Unterscheidungsvermögen und unsere Intuition wieder neu zu erwecken und zu schulen.

• Intuition

Dabei erhebt sich natürlich die Frage: Wie bitte schult man denn die Intuition am besten? Um sie beantworten zu können, sollten wir zuerst einmal genau untersuchen, was Intuition eigentlich ist, und vor allem: wie sie funktioniert. Am besten erzähle ich Ihnen dazu ein Beispiel aus der Praxis, das nicht nur beweist, daß Intuition viel, viel mehr ist als alles Wissen und alle Erfahrung, die wir im Leben machen, eben weil sie nicht unserer begrenzten materiellen Sicht der Dinge entspringt, sondern der unendlichen Intelligenz des Universums und somit direkt von Gott selbst kommt.

Lesen Sie also im folgenden, wie Intuition und kritisches Unterscheidungsvermögen, gepaart mit einem fast überdimensionalen Willen und dem Glauben an das, was „noch" nicht ist, damit es werde, ein sogenanntes „Wunder" hervorbrachten.

• Gudrun

(Die Namen der Personen und Orte der folgenden Geschichte sind von mir in Übereinstimmung mit den Beteiligten ganz bewußt nicht verändert worden.)

Gudrun Lumplecker aus Weyr in Oberösterreich erlitt vor acht Jahren bei einem Kopfsprung in den Plattensee in Un-

garn einen Bruch des sechsten und siebten Halswirbels und
war deshalb auf der Stelle vom Hals abwärts völlig gelähmt.
Die behandelnden Ärzte in Ungarn und später auch in Österreich machten Gudrun bereits nach wenigen Stunden un-
mißverständlich klar, daß das Äußerste, was sie mit sehr viel
Disziplin und Durchhaltevermögen wohl noch erreichen
könne, wäre, einmal für längere Zeit aufrecht im Rollstuhl
sitzen zu können. Daß sie vielleicht mit der Zeit etwas mehr
Selbständigkeit erlangen und beispielsweise einige kleine
Hausarbeiten aus dem Rollstuhl heraus verrichten könne,
schlossen sie mit der Sensibilität eines „Stahlbetonpfeilers"
ausdrücklich und für alle Zeiten aus. Was diese Aussage für
ein damals zwanzigjähriges Mädchen bedeutete, können Sie
sich ohne weiteres vorstellen.

Intuitiv aber hörte Gudrun – Gott sei Dank – weniger auf
die Meinung der sie behandelnden Ärzte, sondern sie verließ
sich viel mehr auf ihre innere Stimme, die ihr deutlich sig-
nalisierte, sie solle nicht so einfach aufgeben, und deshalb
setzte sie entgegen aller düsteren Prophezeiungen eisern
darauf, daß es nur dann einen Funken Hoffnung im Leben
gibt, wenn man sich selbst nicht aufgibt.

• **Die Wende**

Zu ihrem großen Glück, so erzählte mir Gudrun, hatte sie
aber eine ganz wundervolle Familie, und so freute sie sich
schon sehr darauf, nach acht Monaten Rehabilitation endlich wieder nach Hause zu kommen. Sie konnte zu diesem
Zeitpunkt – wie bereits erwähnt – weder ihre Finger noch ir-
gendeinen anderen Körperteil außer dem Kopf bewegen,
und so mußte ihre Familie sie füttern, waschen und in die
Badewanne oder auf die Toilette setzen.

Erst jetzt, da sie wieder zu Hause war, meinte Gudrun, wurde ihr endgültig klar, welche Schwierigkeiten sie von nun an ihrer Familie bereiten würde. Zum Glück war aber auch ihre beste Freundin fast ständig für sie da, indem sie ihr zur Hand ging und half, wo immer sie konnte. Trotz der inneren Stimme (Intuition), die sich immer wieder meldete und Gudrun aufforderte, stark und hoffnungsvoll zu bleiben, vergingen etwa fünf Jahre, in denen nichts passierte, sie sich alle sozusagen „einrichteten" und sich an diesen Zustand langsam gewöhnten.

• Reiki

Dann, eines Tages, hörte Gudrun zum ersten Mal im Leben etwas von Reiki. Reiki ist eine heilende kosmische Energie, die durch das Auflegen der Handflächen eines Menschen auf Tiere, Pflanzen oder Menschen übertragen werden kann. In diese heilende Reiki-Energie kann man sich zwischenzeitlich fast überall in Österreich, Deutschland und der Schweiz „einweihen" lassen. Reiki nimmt nicht dem Energie, der sie abgibt, sondern sie fließt lediglich aus dem Kosmos kommend durch denjenigen, der Reiki „gibt", hindurch, in die zu behandelnde Person hinein.

In der Ausgabe der Zeitschrift „Capital", Heft Februar 1996, mit dem Titel „Heilen ohne Skalpell" lesen wir unter anderem auch über Reiki (japanisch: universelle Lebenskraft): *„Von dem Japaner Mikao Usui Ende des 19. Jahrhunderts in alten Sanskrit-Schriften wiederentdeckte Methode, innere Energie über die Hände des Therapeuten auf den Patienten zu übertragen, um ihn zu entspannen. Wichtig ist die Konzentration auf die sieben über dem Körper verteilten Energiezentren (Chakren), die jeweils andere Fähigkeiten*

*steuern: Das Stirnchakra die Intuition, das Kehlkopfchakra
die Kommunikation, das Herzchakra die Emotion, das Na-
belchakra den Verstand.* "

Während eines Grillfestes erzählte Gudruns Cousine ihr,
daß sie eben mit genau dieser Reiki-Energie nicht nur vertraut, sondern zwischenzeitlich bereits in den sogenannten
zweiten Grad eingeweiht sei. Gudrun handelte, nachdem sie
dies hörte, sofort frei nach dem Motto: „Du hast eh' keine
Chance, also nutze sie" und bat ihre Cousine inständig, ihr
doch auch einmal eine solche Reiki-Behandlung zukommen
zu lassen.

Am Ende der vierten Behandlungsstunde durch die Cousine wurde plötzlich Gudruns Verdauung, die durch das
ständige Sitzen und Liegen recht träge geworden war, wesentlich besser, ja sie spürte sogar zum ersten Mal seit fünf
Jahren wieder ein ganz feines, schwaches Kribbeln in den
Beinen, und sie konnte unmittelbar nach den Behandlungen
sogar zeitweise ihre Finger wieder leicht bewegen!

• Sie wurde neugierig

Nach diesen Erlebnissen wollte sie natürlich mehr über Reiki wissen, und so brachte man sie zu einer Frau namens
Traudi, die in Weyr – also Gudruns Heimatort – nicht nur
Reiki-Kurse absolviert und organisiert, sondern auch sehr
viel von anderen Bereichen der geistigen Wissenschaft und
des Neuen Bewußtseins versteht. Traudi, die Gudruns Geschichte bereits vom Hörensagen kannte, testete sie deshalb
sofort kinesiologisch (Kinesiologie, Kinesiotherapie = Heil-
gymnastik, Bewegungstherapie) aus. Dann erklärte sie ihr,
daß man, um ihr wirklich helfen zu können, zunächst einmal
nach der eigentlichen seelischen Ursache für ihren damali-

gen Badeunfall suchen müsse, um später den „Hebel" an der richtigen Stelle ansetzen zu können. Sie erläuterte ihr auch, daß nichts im Leben jemals durch „Zufall" geschehe, weil alles in unserem Universum immer eine geistige Ursache habe. Dann gab sie Gudrun als erstes mehrere Bejahungen (Glaubenssätze) mit, die sie alle – wenn möglich – ein- bis zweihundertmal täglich sprechen sollte, eben um genau jene, tief in ihrem Unterbewußtsein sitzende eigentliche Ursache für diesen Unfall peu à peu auflösen zu können und durch neue, lebenspendende und gesundheitsorientierte Denkmuster zu ersetzen.

Hier nun drei dieser Bejahungen, die Gudrun von nun an tagtäglich so häufig wie nur möglich sprechen sollte:

„Ich liebe und akzeptiere mich jetzt bedingungslos."

„Ich bin jetzt jeder Situation völlig gewachsen."

„Ich bin jetzt völlig gesund und sehr, sehr kraftvoll."

• Sie sah sich selbst bereits wieder gehen

Traudi trug Gudrun außerdem auf, sich selbst geistig mit Hilfe ihrer Vorstellungskraft so oft wie möglich wieder völlig gesund agieren zu sehen. Sie sollte also geistig all das visualisieren, was vor ihrem Unfall selbstverständlich war, wie beispielsweise das Gehen, Fahrradfahren, Tennisspielen oder Treppensteigen. Diese Visualisierungen, erklärte ihr Traudi, wären mindestens genauso wichtig wie die drei Affirmationen, denn wenn sie dem Unterbewußtsein gefühlsmäßig das Bild vermittle, wie sie bereits wieder gehen, radfahren oder schwimmen würde, so würden diese Vorstellungsbilder, die vom Geist ja sofort an den physischen Körper weitergegeben werden, ebenfalls ihre Gesundheit fördern, stabilisieren und somit ein weiterer, wichtiger Baustein auf dem Weg zur Heilung und Wiederherstellung ihrer Beweglichkeit sein.

Anfangs, so stellte Gudrun fest, tat sie sich angesichts der realen Situation, in der sie sich befand, allerdings sehr schwer damit, all diese positiven Bilder zu visualisieren; aber im Laufe der Übungen fiel es ihr zusehends leichter, und sie arbeitete deshalb mit wachsendem Mut und mit großer Begeisterung sowohl mit ihren Bejahungen als auch ihren Verbildlichungen.

Aufgrund dieser Arbeit und der damit einhergehenden Reiki-Behandlungen konnte Gudrun recht bald schon ihre Arme und Hände (bis auf die Finger) wieder bewegen. Als ihre Eltern und Freunde dies sahen, rieten sie ihr spontan dazu, sich jetzt zusätzlich auch noch mit einem Masseur in Verbindung zu setzen, von dem sie wußten, daß er nicht nur ein Meister seines Fachs war, sondern daß er auch „heilende Hände" hatte, was seine Tätigkeit natürlich besonders unterstützte. Nachdem Gudrun ihre Arme dann soweit wieder gebrauchen konnte, ließ sie sich sogar selbst zu einem Reiki-Kurs bei Traudi einschreiben, denn sie wußte ja: Sobald sie in diese Heilenergie eingeweiht war, konnte sie sich problemlos und wann immer sie wollte selbst behandeln. Dann war sie nicht mehr unbedingt auf die Hilfe ihrer Cousine angewiesen, die sie nicht zu sehr in Anspruch nehmen wollte.

• Es ging wieder aufwärts

Sicher kann jeder nachvollziehen, was all diese wichtigen Veränderungen und kleinen gesundheitlichen Fortschritte an neuem Lebensmut und neuer Kraft in Gudrun freisetzten. In dieser Phase wurde sie auch jenem eben schon erwähnten

Masseur vorgestellt – einem, wie ich bereits anklingen ließ, außergewöhnlichen Mann, der aus Afghanistan stammt und nicht nur heilende Fähigkeiten besitzt, sondern sich auch von Anfang an sehr gut mit Gudrun verstand und sie übrigens heute noch behandelt.

Anfangs, so erzählte mir Gudrun, gab es allerdings nur sehr kleine Fortschritte. Es war beileibe nicht immer leicht, positiv, hoffnungsfroh und mutig zu bleiben, doch weder sie noch ihre Helfer verloren jemals die Geduld beziehungsweise die Hoffnung. Alle wußten, daß mit Gott alle Dinge möglich sind, und das nährte ihre Hoffnung.

Täglich eine halbe Stunde am Heimtrainer, eineinhalb Stunden Gymnastik, eine Stunde Reiki-Behandlung, Meditationen, Imaginationen, Affirmationen, Energiearbeit mit Steinen und Düften, Elektrostimulationen, um die Muskeln wieder aufzubauen – kurz, das Programm „Zurück ins Leben" füllte zwischenzeitlich Gudruns ganzen Tag aus. So ging es ein Jahr lang, Tag für Tag.

• Der glücklichste Moment ihres Lebens

Und dann kam er eines schönen Tages, jener Moment, den Gudrun Lumplecker den glücklichsten ihres Lebens nennt: Sie ging ihren ersten Schritt seit sechs Jahren – zwar mit Schiene und Gehhilfe, was aber den Freudentränen bei Gudrun selbst und ihren vielen Freunden keinerlei Abbruch tat. Es folgten etliche Behandlungen und unzählige Therapien, und inzwischen sind aus dem ersten Schritt ohne Hilfestellung gut und gerne zwanzig Meter geworden, und aus einer Sekunde stehen ohne Hilfe wurden beinahe zwei Minuten.

• Gudruns Appell an uns alle

Lassen Sie mich Ihnen zum guten Schluß dieser Geschichte nun noch die letzten Sätze des Briefes, den Gudrun mir im April 1995 schrieb, im Original wiedergeben:

„Ich freue mich auf meinen weiteren Weg, denn wie sagte schon Laotse: ‚Der Weg ist das Ziel, und wer aufgibt, vegetiert nur noch dahin.'

Ich hoffe, den Menschen, denen es genauso geht, wie es mir ergangen ist, beziehungsweise allen, die ebenfalls von den Ärzten als aussichtslos und unheilbar abgestempelt wurden und noch werden, mit meiner persönlichen Geschichte einen neuen Auftrieb geben zu können und ihnen wieder neuen Mut zu machen.

Ein gesunder Geist in einem gesunden Körper – früher habe ich darüber gelacht, denn ich war ja jung und gesund. Heute weiß ich aus eigener Erfahrung, wie wichtig und wahr dieser Satz ist, denn mit jeder Auflösung eines negativen Denkmusters stellte sich ein neuer körperlicher Fortschritt ein!"

• War das notwendig?

Vielleicht fragen Sie sich nun, nachdem Sie diese Geschichte von Gudrun gelesen haben, ob man die Begriffe „Intuition" und „Unterscheidungsvermögen" nicht auch etwas einfacher hätte erklären können. Mit Sicherheit wäre dies möglich gewesen, doch dieses Beispiel wird – und deshalb habe ich es ausgewählt – auch viele Fragen Ihrerseits, was Durchhaltevermögen, Mut und Hoffnung anbetrifft, besser und verständlicher beantworten helfen, als dies ein etwas einfacheres hätte tun können. Sollten Sie selbst jemanden kennen, der sich in einer vergleichbar verzweifelten Situation befindet, so schreiben Sie mir ganz einfach; ich werde Ihnen dann gerne die Telefonnummer von Gudrun Lumplecker mitteilen, die gerne anderen Menschen helfen und ihnen wieder neuen Mut machen möchte. Deshalb ließ sie mich auch wissen, daß ich ruhig ihren richtigen Namen in diesem Beispiel verwenden kann.

Kapitel 2

Esoterik – was ist das eigentlich?
Jeder Lebensbereich hat seine Geheimnisse
Ein Buch mit sieben Siegeln
Nur das Tun zählt
Esoterik und Wissenschaft
Was ist der Sinn?
Die Verbindung mit der Quelle
Wer sind wir?

• Esoterik – was ist das eigentlich?

Im Fremdwörter-Duden wird das Wort „Esoterik" mit „geheimes oder inneres Wissen" erklärt. Etwas genauer ausgedrückt handelt es sich um ein inneres, intuitives Wissen, das jeder von uns, also auch Sie, von Geburt an besitzt. Wenn wir uns aber dieses Wissen, welches im Laufe unseres Lebens immer mehr durch das bewußte Denken zurückgedrängt wurde, wieder zugänglich machen, so kann es uns ganz wesentlich dabei helfen, unser tägliches Leben mit all seinen Herausforderungen und Problemen erfolgreicher zu bewältigen.

Die uns heute bekannten Bereiche der Esoterik beinhalten allesamt tiefe Kenntnisse über den eigentlichen Sinn des menschlichen Lebens hier auf dieser Erde. Die Grundlagen allen Seins nämlich existieren bereits seit Anbeginn unserer Zeit. Bisher war uns ein Einblick in diese Bereiche allerdings nur durch die Kirchen und die verschiedenen heiligen Schriften dieser Welt möglich. Vieles blieb uns deshalb auch verborgen beziehungsweise unverständlich. Lange Zeit wurde uns auch zu vermitteln versucht, es handle sich bei der Esoterik um etwas Gefährliches, Bedrohliches; dabei ist sie in ihrer ganzen Vielfalt die eigentliche Quelle, also der Ursprung des Lebens und jeder Lebenshilfe. Wir können sie nützen als Hilfe zur Selbsthilfe, und zwar ohne dafür von Gott bestraft oder erniedrigt zu werden.

• Jeder Lebensbereich hat seine Geheimnisse

Geheimnisse gibt es in fast allen Bereichen unseres Lebens; wir denken allerdings sehr wenig darüber nach und nehmen das meiste als selbstverständlich hin.

Beispiel: Niemandem würde es je einfallen, etwas Geheimes oder gar Schreckliches zu vermuten, wenn er eine Bank, ein Kaufhaus oder eine Arztpraxis betritt. Es zu tun ist auch nicht gefährlich, selbst wenn uns das, was sich hinter den jeweiligen Kulissen abspielt, gänzlich verborgen bleibt. Wir denken in der Regel nicht über die Geheimnisse, nach, die sich beispielsweise hinter der Arbeit einer Bank verbergen. Wir nehmen stattdessen ganz selbstverständlich am Bankverkehr teil und vertrauen auf die Fähigkeiten der dort sitzenden Fachleute. Was in der Führungsetage einer Bank geschieht, wird uns aber ebenso wie den weniger privilegierten Angestellten gänzlich unbekannt bleiben, doch dies stört uns nicht.

• Ein Buch mit sieben Siegeln

Oder denken wir nur an einen Arztbesuch: Solange wir keine ernsthafte Krankheit befürchten müssen, gehen wir völlig unbefangen in die Praxis, lassen uns beraten und untersuchen. Wenn wir nicht selbst ein Medizinstudium absolviert oder uns Grundkenntnisse im Bereich der Medizin erworben haben, bleiben die Fachausdrücke des Mediziners für uns doch auch nur ein Buch mit sieben Siegeln, nicht wahr?

Nun kommt das spezielle Wissen eines Arztes oder eines Bankdirektors aber nicht von ungefähr. Viele Jahre des Studiums und der Schulung gehen voraus, und nach vielen Prüfungen und Tests ist man endlich „voll eingeweiht" und ein Meister seines Faches. Auf die Esoterik beziehungsweise die Geisteswissenschaften übertragen bedeutet das, daß auch auf diesem Fachgebiet nach vielen Jahren des Studiums und der Übung eine solche „Meisterschaft" erreicht werden kann.

Um unser tägliches Leben aber mit dem Wissen und den Erkenntnissen aus der Esoterik effektiv verbessern und erleichtern zu können, brauchen wir dagegen nicht bis zum Erreichen der Meisterschaft zu warten – denn wir warten schließlich auch nicht, bis wir Bankdirektor geworden sind, um unser erstes Konto zu eröffnen, oder?

• Nur das Tun zählt

Wir können durch die Esoterik unsere Kenntnisse auf allen Gebieten des Lebens, die für unser Wohlbefinden notwendig sind, erweitern, und es sollte uns keine Angst bereiten, dabei in teilweise noch ganz unbekannte Bereiche vorzudringen, denn nur wenn wir uns dem Neuen öffnen, können wir unsere Lebensumstände zum Besseren verändern. Obwohl es unmöglich ist, alles, bis ins Kleinste zu erforschen, sollten wir mutig damit beginnen, die Dinge, die uns hilfreich und nützlich erscheinen, anzuwenden und alles andere einfach beiseite zu lassen.

Wie auf allen Gebieten des täglichen Lebens können wir auch mit der Esoterik ebenso verfahren. Aus dem riesigen Angebot inneren Wissens nehmen wir uns dabei ganz einfach das heraus, was uns förderlich erscheint, und lassen alles andere schlicht weg.

Die Esoterik, die zur Zeit weltweit eine überaus starke Verbreitung findet, ist unter anderem aber auch eine sehr vielfältige Wissenschaft, und allein in einem esoterischen

Entwicklungland wie Deutschland werden pro Jahr zehn bis
fünfzehn Millionen Bücher, die sich mit esoterischen Themen im weitesten Sinne beschäftigen, verkauft.

Ja, Sie lesen richtig: Esoterik ist eine Wissenschaft, weil
alle Angaben von jedem und jederzeit überprüft werden
können. Niemand wird aufgefordert, irgendwelchen Dogmen zu folgen, ohne diese einer peinlich genauen Kontrolle
unterziehen zu können; eine solche Art von blindem Glauben wird dagegen leider immer noch seitens der Amtskir-
chen von den Menschen abverlangt, mit dem Ergebnis, daß
sich immer mehr Hilfesuchende anderweitig orientieren.

• Esoterik und Wissenschaft

Bei genauer Betrachtung aller esoterischen Wissensgebiete
und ihrer Ursprungszeit kommt man leicht zu dem Schluß,
daß fast alle aktuellen Wissenschaften ihren eigentlichen Ursprung auch und gerade in der Esoterik haben müssen. Sei es
die Medizin, Biologie, Physik oder was auch immer, die Erkenntnisse dieser Fachgebiete bestätigen alle Aussagen, die
uns durch die Esoterik vermittelt werden. Die Psychologie, eine der wohl jüngsten Schulwissenschaften überhaupt, hat in
Europa ihren Anfang durch Sigmund Freud genommen. Freud
begann seine Forschungen mit der Traumdeutung und begrün-
dete so die Psychoanalyse, die vielen Verzweifelten auf der
ganzen Welt inzwischen schon sehr geholfen hat. Traumdeutung war aber auch schon in der Antike bekannt. Sie wird unter anderem nicht nur in der Bibel erwähnt, sondern dort auch
als überaus wichtig und sehr natürlich bezeichnet.

Sollten Sie sich von dieser Aussage überzeugen wollen,
so empfehle ich Ihnen, das eben Gesagte in der Bibel,
1. Buch Moses, (Patriarchengeschichte) unter den Über-

schriften: „Joseph deutet zwei Gefangenen die Träume" sowie „Josephs Erhöhung" selbst nachzulesen.

Warum sollte also die esoterische Traumdeutung Humbug sein und die medizinische nicht? Der Ursprung unserer
heutigen Medizin liegt doch unter anderem auch in der
Kräuterheilkunde unserer Vorfahren, begründet. Auch die
moderne Physik bestätigt übrigens immer wieder aufs Neue
die Grundgesetze der Natur, die gerade in esoterischen Kreisen schon seit vielen Jahrtausenden bekannt sind. Daraus ist
klar ersichtlich, daß die Esoterik mit den heutigen modernen
Wissenschaften nicht nur vereinbar, sondern vielmehr ganz
eng und untrennbar verbunden ist.

• Was ist der Sinn?

Der eigentliche Auftrag der Esoterik ist es, uns wieder zu
unserem Ursprung, zu unserem wahren Sein, sprich unseren
eigenen Wurzeln zurückzuführen. Zu welchem Zweck wir
Menschen alle diesen Planeten Erde bevölkern, ist zwar unserem Unterbewußtsein klar, aber wir selbst haben meist
keinen Zugang zu diesen, im Innersten unserer Seele ange-
siedelten Kenntnissen. Durch die Lehren und Handlungen
der Esoterik aber machen wir uns dieses Wissen wieder besser und neu verfügbar. Natürlich erfordert die Esoterik
– wie bereits erwähnt – ein genauso intensives Studium wie
jede andere Wissenschaft auch.

Wenn Sie also mit ihren augenblicklichen Lebensumstän-
den nicht zufrieden sind und Sie vielleicht auch schon sehr
viel versucht haben, um sie zu verändern, Ihnen dies aber bis
heute noch nicht gelungen ist, dann sollten Sie sich doch einmal etwas intensiver mit dem Angebot esoterischer Lebens-
hilfen beschäftigen und auseinandersetzen. Für wirklich alle

Bereiche unseres Erdenlebens können wir in der esoterischen Literatur und in den entsprechenden Gemeinschaften eine große Fülle von Hilfen und Anregungen finden. Die Esoterik hilft uns jedoch nicht nur bei der Bewältigung von Problemen und Schwierigkeiten im täglichen Leben, sondern gerade und im besonderen auch in unserer oft etwas gestörten Beziehung zu unserer Seele und unserem Schöpfer.

• Die Verbindung mit der Quelle

Es gibt eine unendliche Intelligenz im Universum, die viel größer ist als alles, was uns bekannt ist. Sie hat unseren Planeten und alles, was sich auf ihm befindet, geschaffen. Das esoterische Wissen gibt uns die Möglichkeit, wieder bewußt und gezielt mit dieser Kraft in Verbindung zu treten und ihre Energie für uns nutzbar zu machen. Dadurch erkennen wir dann auch, daß diese unendliche Quelle uns allen jederzeit zugänglich ist und uns mit allem versorgt, was wir zu unserem freien Ausdruck brauchen. Diese Verbindung mit der universellen Kraft des Universums öffnet uns unter anderem aber auch neue, bisher noch verborgene Wege des Selbstbewußtseins und Selbstvertrauens: Wir begreifen uns nämlich mehr und mehr wieder als freie göttliche Wesen und nicht mehr als „arme Sünder" und „Opfer", wie es uns durch die uns bisher bekannten Religionen und Sekten ständig eingeredet wird.

• Wer sind wir?

Wir alle brauchen nicht gramgebeugten Hauptes den Zorn Gottes zu erwarten, wie uns dies all jene weismachen wollen, die sich zwischenzeitlich hilflos in ihre eigenen Dogmen verstrickt haben. Unser einziges Vergehen – wenn es überhaupt ein solches gibt – liegt in unserer Unfähigkeit zu begreifen, wer wir eigentlich sind. Wir Menschen sind hier, um unserem eigenen göttlichen Wesen vollen Ausdruck zu verleihen und dadurch ein besseres, gesünderes und glücklicheres Leben zu führen. Gott, der unser Schöpfer ist, ist in uns, und er möchte sich durch uns ausdrücken. Dies ist ihm aber nur dann möglich, wenn wir es auch zulassen. Viele von uns haben ja schon Schwierigkeiten, das Wort „Gott" überhaupt auszusprechen, geschweige denn seine Gegenwart zu akzeptieren. Unsere ganz persönlichen Vorstellungen und eventuellen Vorbehalte sind aber von der tatsächlichen Existenz unseres Schöpfers – ihm sei Dank – völlig unabhängig. Sollten Sie sich beispielsweise durch Ihre Zweifel selbst „begrenzen", so werden Sie zuerst einmal lernen müssen, genau diese Grenzen „aufzulösen", um das Ziel Ihrer Erlösung von Leiden und Schmerz zu erreichen.

Unser aller Weg besteht darin, unsere eigene Göttlichkeit zu entdecken, zu erkennen und ausdrücken zu lernen. Dies ist aber nur dann möglich, wenn wir diese allumfassende Kraft des Universums immer mehr anerkennen und verstehen lernen.

Esoterische Lehren haben die Aufgabe und das Ziel, die eigene Göttlichkeit neu zu erwecken und zu entdecken. Unser natürliches Verhältnis im Umgang mit dieser allumfassenden Macht im Universum wurde uns Menschen nämlich im Laufe der Jahrhunderte ganz systematisch aberzogen; durch die Esoterik wird dieses innere Wissen nun quasi wieder „freigelegt", steht uns also wieder voll zur Verfügung. Nun können wir uns endlich von alten, selbst auferlegten Bindungen befreien, um wieder das zu werden, was wir in Wirklichkeit sind: freie, nach dem Bild Gottes erschaffene Wesen.

Kapitel 3

Der Gedanke als Ursache
Der Traum von der Karriere
Frage: Was ist Zufall?
Gesetz ist Gesetz
Alles gehört uns
Hollywood – die Mutter aller Gewalt
in der Welt
Gedanken werden Fleisch
Aids ist nur der Anfang
Konstruktives Denken
Das ewige Leben unserer Seele
Wir sind nicht alle gleich
Bevor ein neues Haus gebaut wird, wird viel gedacht
Das Gesetz ist neutral

• Der Gedanke als Ursache

Es gibt wohl keine stärkere und mächtigere Kraft im Universum als die unserer Gedanken. Genauer gesagt, zieht jeder von uns immer nur das aus seinem Leben heraus, was er selbst zuvor in dieses Leben hineingedacht hat. Gedanken haben sehr viel mehr Macht als alle Panzer, Granaten und Armeen dieser Welt. Erst aufgrund der Existenz von Gedanken konnten die Kriegsmaschinerien mit ihrer gesamten und geballten Vernichtungskraft ja überhaupt erst Wirklichkeit werden.

Zunächst einmal entspringt jeder Gedanke, den wir denken, unserem Geist und ist somit ein Kind dieses Geistes, also ein Ableger oder auch geistiger Same. *Der Gedanke selbst ist immer und ewig schon die einzig unsichtbare Ursache allen Seins auf dieser Welt, egal ob materiell oder immateriell.* Diese geistige Gedankenkraft – und das ist sehr wichtig zu wissen – stellt einen stets wechselnden, von nichts auf der Welt beeinflußbaren Teil eines ewig gültigen Naturgesetzes dar. Gesetze – und ganz besonders Naturgesetze – haben niemals Launen; sie sind völlig unbestechlich, unpersönlich und durch nichts in ihrer Wirkung beeinflußbar. Gesetze sind demnach reine Prinzipien und absolut keine Frage von Können und Wollen. Gleichzeitig sind Gedanken riesige Energiepotentiale, die uns bei richtiger Anwendung unsere kühnsten Pläne verwirklichen helfen; sie sind aber auch in der Lage, unser ganzes Leben zu zerstören, wenn wir nicht lernen, richtig mit ihnen umzugehen.

Der Zusammenschluß all unserer Gedanken, also die Endsumme unseres Denkens, Wollens und Planens bewirkt innerhalb des großen kosmischen Gesetzes von Ursache und Wirkung genau jene Tendenz, die es veranlaßt, gemäß der absoluten Totalsumme unseres auf das Ziel bezogenen Glaubens zu reagieren.

• Der Traum von der Karriere

Ein einfaches Beispiel: Ein Mädchen hegt seit Jahren den großen Traum, Schauspielerin zu werden. Wenn sie von den Eltern oder in der Schule nach ihrem Berufswunsch gefragt wird, antwortet sie: „Schauspielerin möchte ich gerne werden." Sie investiert seit Jahren außerdem jeden verfügbaren Pfennig ihres Taschengeldes, um sich die Stars in ihren schönen Roben und Rollen auf der Leinwand anzusehen.

Eines Tages wird sie jedoch von der sogenannten Realität des Alltags eingeholt und beginnt auf Drängen der Eltern nach Abschluß der Schule – sagen wir – eine Schneiderlehre. Die Jahre ziehen ins Land, und die Eltern glauben inzwischen wirklich daran, ihre Tochter zur „Vernunft" gebracht zu haben. Sie beobachten zwar, wie ihre Schwärmerei für das Theater, das Musical und den Film nach wie vor ungebrochen ist, aber sie messen diesem Umstand inzwischen keine größere Bedeutung mehr bei.

Auf einer Party lernt diese junge Dame dann einige Leute vom Theater kennen, die ihr ermöglichen, in ihrer Freizeit den Proben beizuwohnen und ihr unter anderem auch eine Kopie des aktuellen Drehbuches schenken. Als dieses Ensemble zwei Tage vor der Premiere durch einen überraschenden Krankheitsfall einer ihrer Kolleginnen in Schwierigkeiten kommt, bietet sich die junge Dame, die zwischenzeitlich fast jede Rolle des Stückes begeistert auswendig gelernt hat, als Ersatz an und wird einerseits zwar nur

notgedrungen, aber andererseits mangels Alternative auch
äußerst dankbar als zweite Besetzung akzeptiert.

Am Abend nach der Premiere wird sie nicht nur von allen Seiten ob ihrer hervorragenden Leistung sehr gelobt,
sondern auch vom Fleck weg als neues Mitglied des En-
sembles engagiert. Sie gibt ihren Beruf Knall auf Fall auf,
packt die Koffer und geht trotz größter Proteste ihrer aus allen Wolken fallenden Eltern endgültig zum Theater.

• Frage: Was ist Zufall?

Zufall? Wenn wir das Wort Zufall so interpretieren, daß ihr
diese Chance „zufiel", weil sie durch ihre eigenen Gedanken
die Gußform, also die Negativform dafür bereitete, dann ja.
Wenn wir es aber, wie landläufig üblich, aus Unwissenheit
die geistigen Gesetze betreffend, als etwas Unerklärliches,
Launisches betrachten, dann mit absoluter Sicherheit nicht.
Alles, was wir benennen können, was wir bebildern, also
uns vorstellen können, das werden, ja das müssen wir sogar
bekommen, weil die Funktion der Naturgesetze nichts anderes als genau diesen Umstand aufgrund der geistigen Gegebenheiten vorsieht.

• Gesetz ist Gesetz

Wenn wir begreifen, daß auch dieses geistige Gesetz von
Ursache und Wirkung ebenso wie alle anderen aus dem
großen Spektrum der Naturgesetze völlig unpersönlich, me-
chanisch und präzise wirkt, so verstehen wir plötzlich auch,

daß wir allem, was wir in unserem Leben begreifen und erfassen können, erst durch unsere Gedanken und unsere Vorstellung davon Form geben, damit es sich aus sich selbst heraus verwirklichen kann.

Auf der anderen Seite können wir aber auch nur das entgegennehmen, wozu wir bereit sind, was wir also – über alle Zweifel erhaben – für wahr halten.

In bezug auf unsere junge Schauspielerin bedeutet das, daß sie zwar dem Wunsch ihrer Eltern, eine Schneiderlehre zu beginnen, zunächst entsprochen hat, weil sich im Bereich ihres Traumes, Schauspielerin zu werden, noch nichts Entscheidendes tat, ihre Träume und geistigen Vorstellungen aber trotz allem unaufhaltsam mit der Verwirklichung ihres großen Zieles beschäftigt waren und die Lehre von Anfang an lediglich als Überbrückung diente – was die Tochter selbst natürlich auch nicht ahnen konnte.

• Alles gehört uns

Die Natur des Universums ist es, uns wirklich alles zu geben, was wir entgegenzunehmen fähig sind. Wir Menschen selbst können die geistigen Gesetze niemals aus der Bahn werfen; wir können lediglich lernen, mit ihnen zu kooperieren und zu arbeiten, und das tun wir auch tagtäglich – ob positiv oder negativ, das sei zunächst dahingestellt.

• Hollywood – die Mutter aller Gewalt in der Welt

Wie dumm, naiv und unwissend die Mehrzahl der Menschen in bezug auf die ewigen Wahrheiten aber sind, zeigt die weltweite Entwicklung beispielsweise in Sachen Gewalt. Die Gewalt ist ebenso wie die Liebe, der Friede oder die Harmonie zunächst auch nur eine Idee im Geiste des Menschen. Sie hat das gleiche Energiepotential wie jeder andere Gedanke auf der Welt und unterliegt somit, wie wir bereits wissen, ebenfalls dem Naturgesetz von Ursache und Wirkung. All die Gewalt auf unserer heutigen Erde ist also nichts anderes als das Resultat eines von uns allen höchstpersönlich geschaffenen und peinlichst genau gezüchteten Gedankensamens. Wir erinnern uns: „Alles, was ich aussende, kehrt verstärkt zu mir zurück" – und dies gilt selbstverständlich auch für die Gewalt.

Jeder Kino- oder Fernsehfilm, der Gewalt in irgendeiner Weise behandelt, aktiviert, beleuchtet oder gar verherrlicht, trägt also direkt dazu bei, den Samen der Gewalt noch mehr zu vervielfältigen. Wenn wir allein all die Kino- und Fernsehfilme auf der Welt, die Gewalt in irgendeiner Form zum Thema haben oder sie darstellen, als Beispiel nehmen und jeder Zuschauer, der diese Filme ansieht, dieses geistige Gedankenpotential auch nur im Verhältnis 1:2 durch die reine Bereitschaft, es durch seinen Geist ziehen zu lassen, vervielfältigt, dann können Sie sich ausrechnen, wie schnell das gesamte Gewaltpotential auf dieser Welt wächst.

Denken Sie aber auch bitte daran, daß außer den vielen Fernseh- und Kinofilmen, die täglich in aller Welt gesehen werden, auch alle stündlichen Nachrichtensendungen auf diesem Planeten, alle Presseberichte, jeder noch so kleine oder größere Wut- und Haßgedanke von Milliarden Erdenbürgern, ihre Kriege, persönliche Grabenkämpfe in der Familie, mit dem Chef, den Kollegen oder Nachbarn ebenso dazugehören wie die großen und kleinen Kapitalverbrechen, angefangen beim Handtaschendiebstahl bis hin zum Mord. Zur Verdeutlichung: In jeder Sekunde finden auf der Welt mehrere zigtausend mit einem mehr oder weniger großen Gewaltpotential befrachtete Aktivitäten statt. Nun rechnen Sie einmal die friedvollen, verzeihenden, vergebenden, also dem Potential der Liebe und des Verständnisses für andere und deren Recht auf Eigenständigkeit und persönliche Freiheit geltenden Denkaktivitäten dagegen, und Sie werden unschwer erkennen, welcher Same in der Welt üppiger gedeiht und sie mit seinen polypenartigen Fangarmen immer mehr und mehr umschlingt und erdrückt.

• Gedanken werden Fleisch

Da aber Mikrokosmos und Makrokosmos ein und denselben Aufbau und damit ein und dieselbe Möglichkeit der Selbstverwirklichung haben, wirkt das Gesetz von Ursache und Wirkung im Großen genauso perfekt, wie es dies im Leben des einzelnen Individuums tut. Mit anderen Worten: Wenn ich persönlich Wut und Resentiments aussende, so bekomme ich Haß und Zerstörung zurück, egal, ob jemand die Antenne an meinem Auto abbricht, bei Nacht in mein Haus einsteigt und meine Antiquitäten klaut oder ob ich mir ein Bein breche, Lungenkrebs bekomme oder mit einer Autobombe in die Luft gesprengt werde.

Weil aber meine eigene kleine Welt (Mikrokosmos) nichts anderes ist als die große Welt (Makrokosmos), erleben wir dort genau dasselbe, nur eben im Quadrat. Klimaveränderung, Kriege, Überschwemmungen, Terroranschläge, Erdbeben, Tornados, Hurricanes, Schnee im Juni, Hitze im November und, und, und sind nichts anderes als die Wirkung auf die von uns allen im Laufe der Jahre gesetzten Ursachen.

Überspitzt ausgedrückt könnte man sagen, eine in Hollywood produzierte und damit automatisch negatives Energiepotential freisetzende Gewaltszene erscheint zwar vordergründig als eine ungefährliche, harmlose Illusion, fällt aber später irgendwie unweigerlich als tatsächlicher Gewaltakt auf uns zurück.

Wir alle werden so lange die Welt und die Natur nicht von der immer größer werdenden und ständig mehr eskalierenden Gewalt erlösen können, solange wir Menschen zuvor Dollars, D-Mark, Lire etc. für die Herstellung von Gewaltpotential ausgeben. Dies gilt natürlich nicht nur für die Spielfilme und die stündliche Konfrontation mit Gewalt, Ängsten, Kriegen, Morden, Entführungen, Geiselnahmen und so weiter durch Funk und Fernsehen, sondern auch für die Printmedien, die diesen Kreislauf eines sich immer wieder neu aufbauenden Gewaltpotentials ebenfalls ganz prima am Laufen halten.

• Aids ist nur der Anfang

Wir alle werden schon sehr bald feststellen, daß Aids nur der Anfang und der Ebolavirus nur ein kleiner Tropfen im Meer war im Vergleich mit dem, was wir uns in den nächsten Jahrzehnten an unheilbaren Krankheiten noch „selbst erschaffen" werden.

Dies alles geschieht solange, bis die Menschheit sich selbst so weit dezimiert hat, daß sie endlich damit beginnt, die Zusammenhänge, also die eigentliche Ursache zu erkennen; denn ist diese erst einmal erkannt und positiv verändert, so wird sehr rasch eine Wende zum Besseren eintreten. Jeder einzelne von uns aber, der diese Zusammenhänge ernst nimmt und in seinem eigenen Leben durch positiv-konstruktives Denken, Meditation und Gebet für ein Umdenken sorgt, kann in seiner eigenen kleinen Welt innerhalb von Monaten entsprechende Positivveränderungen herbeiführen, die ihm in einer sehr beeindruckenden Weise die wirklichen Zusammenhänge zwischen seinen Gedanken und den Vorgängen in seiner Umgebung verdeutlichen.

Je konstruktiver und überzeugter jemand anfängt zu glauben, zu denken und zu handeln, desto kraftgeladener wird er mit der Zeit, und um so schneller verändert sich alles – egal, ob dies in seinem Körper, seinem persönlichen Umfeld oder auch in seinem Verständnis für die Wirksamkeit der geistigen Gesetze geschieht.

Merken Sie sich bitte in diesem Zusammenhang: Materie ist die niedrigste Form des Geistes. Geist hingegen ist die höchste Form der Materie.

• Konstruktives Denken

Ein Schlüssel zu einem besseren Leben ist das positive, besser ausgedrückt das konstruktive Denken. Konstruktives Denken beruht grundsätzlich auf dem Gesetz von Ursache und Wirkung. Unsere Gedanken sind die Ursache, und das, was sie auslösen, was wir also erleben und erhalten, ist die Wirkung. Alles, was wir denken und für uns als wahr annehmen, wird sich in unserem Leben zwangsläufig verwirklichen müssen. Etwas als wahr annehmen bedeutet, es bereits so intensiv zu fühlen, zu riechen, zu schmecken und zu sehen, als ob sich dieser Wunsch bereits schon erfüllt hätte. Alles, was unser Leben ausmacht, was wir haben und was wir sind, ist so, weil wir es in unserem Bewußtsein einst genauso akzeptiert haben. Es gibt kein einziges Naturgesetz auf dieser Welt, das uns zwingt, so zu leben, wie wir leben, wenn wir selbst damit nicht zufrieden sind. Gott wird auch nicht eines Tages damit beginnen, in unser Denken einzugreifen, wenn wir zuviel Gewalt auf der Welt entfachen, denn mit der Freiheit, die er uns gab, gab er uns unter anderem auch die Möglichkeit, uns selbst zu vernichten.

• Das ewige Leben unserer Seele

Gott hat den Menschen, wie es bereits in der Bibel steht, nach seinem Ebenbild erschaffen, und er hat ihm darüber hinaus selbst die Entscheidung überlassen, wie er leben möchte. Da es keinen wirklichen Tod gibt (dazu mehr in Kapitel 6 „Was geschieht nach dem Tod mit uns?"), haben wir immer wieder die Möglichkeit, in einem anderen Körper, wenn es sein muß, in Hunderten von Inkarnationen lang, auf diese Welt zurückzukommen, um unsere Fehler von einst aufzulösen. Sollten wir Menschen deshalb nicht rechtzeitig „die Kurve bekommen" und uns mittels unseres eigenen Haßpotentials selbst zerstören, so wird Gott irgendwann, wenn sich die Natur wieder harmonisiert und regeneriert hat (und was sind bei der Evolution schon zwei bis fünf Millionen Jahre, wenn es notwendig sein sollte), einem neuen Menschengeschlecht eine ebensolche Chance geben. Vielleicht werden diese neuen Generationen (deren Seelen dann übrigens auch keine anderen sind als diejenigen, die die heutigen Körper auf dieser Welt bewohnen) dann besser und schneller die ursächlichen Zusammenhänge verstehen und anwenden lernen. Also: Gott hilft uns jederzeit bei allem, worum wir ihn bitten; er wird aber auf gar keinen Fall unser selbstgewähltes Experiment, das da lautet „Wie schnell und wirkungsvoll können wir uns selbst vernichten?" von sich aus abbrechen, denn er würde uns dadurch die Möglichkeit eines großen, intensiven Lernprozesses nehmen. Nochmals: Wir ernten immer nur das, was wir Menschen gedanklich zuvor gesät haben, aber wir können unbefriedigende Zustände, falls sie uns nicht behagen, sofort und jederzeit auch wieder verändern.

• Wir sind nicht alle gleich

Wenn wir nicht die freie Wahl hätten, unser Dasein so zu gestalten, wie wir es möchten, so würde doch das Leben aller Menschen überall auf der Welt völlig gleich aussehen. Alle würden unter den gleichen Umständen geboren werden, leben und sterben. Keiner wäre reicher oder ärmer als der andere. Daß dies aber nicht so ist, ist für jeden, der mit offenen Augen durch die Welt geht, klar und deutlich erkennbar. Es müssen also zwangsläufig Kräfte und Gesetzmäßigkeiten am Werk sein, die uns die unterschiedlichsten Möglichkeiten der persönlichen Entfaltung eröffnen. Da es aber nichts, ja rein gar nichts von Menschenhand Geschaffenes gibt, das nicht zuvor zuerst gedacht wurde, müssen unsere Lebensumstände zwangsläufig auch mit unseren Gedanken auf das engste verbunden sein.

• Bevor ein neues Haus gebaut wird, wird viel gedacht

Nehmen wir an, es wünscht sich jemand ein neues Haus. Zuerst denkt er in der Regel darüber nach, wann, wo und wie es gebaut werden soll und wie er es finanzieren wird. Anhand seiner ganz persönlichen Bedürfnisse stellt er sich also in Gedanken dieses Haus zunächst so vor, wie es seinen ganz individuellen Wünschen entspricht. Dann wird er in der Regel als nächstes nach einem Grundstück Ausschau halten und ein ihm passend erscheinendes erwerben. Danach wendet er sich in der Regel an einen Architekten und teilt diesem mit, wie sein Traumhaus beschaffen sein soll. Der Architekt überträgt dann diese Ideen maßstabgetreu auf Papier und gibt die fertigen Pläne an den Bauträger und dessen Arbeiter weiter, die dann Stein auf Stein damit beginnen, den Traum des Bauherrn zu verwirklichen.

Der Ursprung eines Hauses, ebenso wie die Ausführung, liegen also zunächst immer in den Gedanken des Bauherrn, in dessen Vorstellungskraft und in seinem Willen, das Vorhaben wahr werden zu lassen.

• Das Gesetz ist neutral

Die kosmische Kraft, die für die Manifestation alles Materiellen verantwortlich ist, stellt dem einzelnen Individuum die Materialien, Menschen und Umstände zur Verfügung, die es benötigt, sich selbst beziehungsweise seine Wünsche so ausdrücken zu können, wie es dies gerne möchte. Das kosmische Gesetz, das die spätere Manifestation in der sogenannten Realität möglich macht, liegt darin begründet, daß wir alle Bestandteile eines sehr komplexen Energiesystems sind, das uns ständig umgibt, durchdringt und das seinerseits gleichzeitig mit allen kosmischen Energien des Universums kommuniziert. Die Aufgabe dieser Kraft ist es, uns zu dienen und alles, was wir gedanklich erschaffen, in der materiellen Welt sichtbar zu machen – egal, ob es gut oder schlecht

für uns ist, denn das Gesetz ist neutral; ob wir es richtig oder
falsch anwenden, ist ausschließlich unsere Angelegenheit.
Wir Menschen sind also Täter und Opfer, oder positiv ausgedrückt, Schöpfer und Schöpfung zugleich. Als Schöpfer
sind wir Gott gleich, und darum haben wir auch als einziges
Wesen auf der Erde die Fähigkeit, mit unserem Bewußtsein
zu erschaffen. Solange wir uns dieser Kräfte und Gesetzmäßigkeiten aber noch nicht bewußt sind, wenden wir sie in
der Regel auch nicht optimal und ausschließlich zu unserem
Segen an. Die Folge davon ist, daß sich unsere Wünsche in
der materiellen Welt nur sehr langsam und sehr zögerlich
manifestieren können, ja in den meisten Fällen sogar ganz
anders als wir es uns eigentlich wünschten. Wir erschaffen
jedoch alles, sobald wir nur genügend Gefühl und Intensität
in unseren ursprünglichen Wunsch hineinlegen.

Wo aber legen wir in der Regel das meiste Gefühl, die
meiste Energie und die meiste Aufmerksamkeit hinein? Tun
wir das mehr in freudige, beglückende Gedanken oder mehr
in Angst- oder Furchtgedanken? Diese Frage ist sehr leicht
zu beantworten: Ängste und Befürchtungen sind beim Gros
der Menschheit wesentlich mehr mit Emotionen besetzt als
große Hoffnungen und Träume, da man ihnen diese bereits
in den ersten Jahren ihres Lebens geraubt und relativiert hat.
Egal, ob wir uns etwas Gutes oder etwas Schlechtes vorstellen, wir bekommen beides, sowohl das Gute als auch das
Schlechte – je nachdem. Wir sind immer der Empfänger von
dem, was wir denken und somit im großen „Kaufhaus des
Universums" für uns bestellen. Darum sollten wir sehr vorsichtig mit unseren Gedanken sein. Das Gesetz des Denkens
ist nichts anderes als unser ganz persönlicher Diener, aber es
unterscheidet nicht, ob das Ergebnis unserer Wünsche für
uns angenehm oder unangenehm ist.

Kapitel 4

• Die falsche Bestellung

Als ich vor Jahren bei einem Versandhaus einmal einen Pullover bestellte, kontrollierte ich vor dem Absenden der Bestellkarte die eingetragene Bestellnummer nicht mehr und schickte die Karte ohne diese für mich sonst so selbstverständliche „Endkontrolle" kurzerhand ab. Etwa zwei Wochen später erhielt ich nicht, wie von mir gewünscht, einen Herrenpullover, sondern etwas ganz anderes. Aber diese Geschichte möchte ich Ihnen doch etwas ausführlicher erzählen.

Zum damaligen Zeitpunkt wohnte ich in einem Sechsfamilienhaus in der Nähe des Stuttgarter Flughafens. Mit all meinen damaligen Mitbewohnern – eine Ausnahme bildete lediglich meine direkte Wohnungsnachbarin – hatte ich ein eher distanziertes Verhältnis, das heißt, wir grüßten einander, wenn wir uns im Treppenhaus begegneten, oder sprachen ab und an ein paar Sätze miteinander, aber das war es auch schon. Zu meiner direkten Wohnungsnachbarin, einer sehr attraktiven, geschiedenen Dame Mitte vierzig hatte ich hingegen einen schon fast freundschaftlichen Kontakt; sie versorgte unter anderem meine Blumen und sah nach dem Rechten, wenn ich im Urlaub oder auf einer längeren Geschäftsreise war. Umgekehrt kümmerte ich mich ebenfalls um ihre Wohnung, wenn sie nicht da war.

• Aus einer Ursache wird eine Wirkung

Etwa zwei Wochen danach war ich sonntags zu einer Vernissage, die ein Kunde von mir für seine Frau gab, eingeladen und hoffte deshalb inständig, der bestellte Pullover würde spätestens am Samstag zuvor geliefert werden. Weil ich aber an jenem Samstag das Haus schon frühmorgens verlassen mußte, um zu einer Besprechung an den Bodensee zu fahren, klingelte ich extra am Abend zuvor bei Frau Sommer, meiner Nachbarin, und bat sie, den bestellten Pullover – sollte er morgen tatsächlich noch angeliefert werden – doch sofort auszupacken und auf einen Bügel zu hängen, damit er sich aushängt und ich ihn am Sonntag zur Vernissage anziehen könne.

Lassen Sie mich der Ordnung halber noch einflechten, daß ich zu diesem Zeitpunkt Junggeselle, 27 Jahre und alles in allem kein Kind von großer Traurigkeit war, was nicht gerade dazu beitrug, daß mein Ruf in jener Hausgemeinschaft besonders positiv war.

• Falsche Verdächtigungen

An jenem Samstag morgen – die Hausgemeinschaft hatte für den Abend eine Grillparty geplant und alle Frauen des Hauses waren schon sehr früh auf den Beinen, um Lampions aufzuhängen, Tische und Bänke aufzustellen und den Grill vorzubereiten – war Frau Sommer gerade mit einigen Fackeln bewaffnet auf dem Weg in den Garten, als sie auf den Postboten traf, der ihr im Vorbeigehen das für mich bestimmte Päckchen unter den Arm klemmte. Im Garten angekommen, bat sie die Nachbarin aus der Wohnung über ihr darum, das Päckchen doch bitte für sie zu öffnen und den Pullover auf einen Bügel an die für die Lampions vorgesehene Leine zu hängen, was diese auch umgehend tat. Während Frau Sommer dabei war, ihre Fackeln in den Grasboden zu drücken, hörte sie plötzlich einen spitzen Schrei aus der Richtung, in der die andere Nachbarin stand. Als sie sich etwas verwundert umdrehte, sah sie, wie diese ein Damenkorsett Größe 44 mit BH und Strapsen, welches sie dem Paket entnommen hatte, anstarrte. Frau Sommer lachte und äußerte sofort den Verdacht, daß bei der Lieferung etwas schiefgegangen sein mußte, nahm das Korsett samt Karton an sich, um es in ihrer Wohnung aufzubewahren, sodaß ich mich später selbst von diesem Irrtum überzeugen konnte. Als sie gerade am offenen Wohnzimmerfenster ihrer Wohnung vorbeiging, hörte sie aus dem Garten dann die folgenden Wortfetzen: „... gleich gewußt, daß der Kummer und die Sommer etwas miteinander haben. Letzte Woche sah ich ihn um 11 Uhr abends bei ihr klingeln ..."

• **Die Schuld liegt immer bei uns**

Warum habe ich Ihnen diese Geschichte erzählt? Ganz einfach: Wir sollten unsere Gedanken genau kontrollieren, denn manchmal „bestellen" wir etwas im Universum, das wir gar nicht haben wollen, und wenn es dann zu uns kommt, geben wir Gott und der Welt auch noch die Schuld dafür. Schuld aber sind ausschließlich wir allein und niemand anderer – und dies gilt für jede Situation in unserem Leben.

Auch ich hatte zunächst auf diese „Idioten" im Kaufhaus geschimpft, bis ich drei Tage später aufgrund meines etwas unfreundlichen Anrufes bei jenem Versandhaus eine Kopie meiner Bestellkarte in den Händen hielt, die klar belegte, daß nicht das Versandhaus einen Fehler begangen hatte, sondern ich, weil ich aus meiner Unkonzentriertheit heraus nicht aufpaßte, welche Nummer ich auf die Bestellkarte schrieb, und somit tatsächlich ein Damenkorsett orderte.

Das war aber bei weitem nicht alles, denn erst viele Jahre später, nachdem ich mich schon länger mit den geistigen Gesetzen beschäftigte, wurde mir dann völlig klar, warum alles gar nicht anders kommen konnte. Zum Zeitpunkt nämlich, als ich den Pullover bestellte, jammerte ich schon wochenlang herum, daß ich auf die Vernissage nichts Vernünftiges anzuziehen hätte, denn zum damaligen Zeitpunkt besaß ich fast nur Jeans und T-Shirts sowie einige dunkle Anzüge mit Krawatte, und beides hätte in diesem Fall wie eine Faust aufs Auge gepaßt. Mein ständiges Gejammer, ich hätte nichts Vernünftiges anzuziehen, veranlaßte deshalb mein Unterbewußtsein, auch wirklich dafür zu sorgen, daß es tatsächlich so kommen mußte, denn im Damenkorsett konnte ich ja nun beim besten Willen nicht auf einer Vernissage erscheinen.

Wenn Sie dieses einfache, vielleicht auch etwas lustige kleine Beispiel verstanden haben und die darin versteckte tiefere Botschaft ernst nehmen, dann sind Sie mit Sicherheit in der Lage, in Ihrem täglichen Leben schon sehr bald leicht und mühelos verschiedene Veränderungen herbeizuführen.

Soviel zu dem Thema „Alles was Du aussendest, kehrt verstärkt zu Dir zurück".

• Der Gedanke, der Vater aller Materie

Die Esoterik und besonders der Bereich des positiven Denkens lehrt uns, nicht nur unsere eigene Macht zu erkennen, sondern diese auch bewußt und gezielt anzuwenden. Ob es sich dabei um ein neues Haus, ein Auto, eine Boeing 747 oder einen Holzstuhl handelt, ist völlig uninteressant, das System selbst ist immer das gleiche. Zuerst wird etwas erdacht, also geistig konstruiert, und danach mit Hilfe von Menschen und Material verwirklicht. Es ist deshalb auch absolut unmöglich, daß irgendetwas geschaffen wird, ohne zuerst gedacht zu werden. In diesem Zusammenhang sollten Sie sich am besten selbst einmal die Frage stellen: „Welcher von Menschenhand gefertigte Gegenstand auf dieser Welt könnte wohl zuerst dagewesen sein, bevor er von irgend jemanden erdacht wurde?"

Beim Nachdenken über diese Schlüsselfrage wünsche ich Ihnen im Verlauf der nächsten fünfzig bis einhundert Jahre viel Spaß!

• Sind Sie arbeitslos?

Ist Ihnen nicht auch schon sehr oft das Wort „trostlos" entschlüpft, wenn Sie wieder einmal die neuesten Zahlen in Sachen Arbeitslosigkeit gehört haben? 4,6 Millionen Menschen ohne Arbeitsplatz – eine gigantische Zahl, und noch ist ein Ende anscheinend nicht abzusehen. Alle Prognosen weisen darauf hin, daß dies wahrscheinlich noch auf einige Jahre hinaus so bleiben wird. Aus der Vergangenheit wissen wir auch, wie schwer, ja fast aussichtslos es ist, derart hohe Arbeitslosenzahlen in kurzer Zeit auf einen wesentlich niedrigeren Stand zurückzuführen. Daß dringend etwas passieren muß, um die hohe Arbeitslosigkeit tatsächlich abzubauen, ist uns wohl allen völlig klar. Was aber können von der Arbeitslosigkeit bereits betroffene Menschen oder auch solche, die mittel- oder unmittelbar davon bedroht sind, selbst tun, um ihre ureigene Situation zu verbessern? Reicht es wirklich aus, auf wirtschaftlich bessere Zeiten, vollere Staatskassen oder politische Geniestreiche zu hoffen und weiter vor sich hinzuschimpfen? Könnten und sollten wir unser Schicksal nicht besser selbst in die Hand nehmen, und wenn ja, wie? Bevor Sie aber jetzt – als möglicherweise Betroffener – vorschnell abwinken, sollten Sie einmal darüber nachdenken, daß die Geschichte uns immer wieder bewiesen hat, daß neue Ansätze und Lösungsvorschläge, schon immer zuerst belächelt oder sogar bekämpft wurden, nur weil sie nicht in das jeweilige Weltbild paßten. Denken Sie beispielsweise nur an das Auto, das Telefon oder das elektrische Licht.

Die Bekämpfung der Arbeitslosigkeit – und damit sage ich Ihnen sicherlich nichts Neues – ist wohl eine der größten Herausforderungen unserer Zeit. Arbeitslosigkeit, ein Wort, das gleich einem finster dreinblickenden und furchterregenden bösen Dämon latent über diesem Lande schwebt und viele unserer Mitbürger zutiefst ängstigt. Mit Arbeitslosigkeit assoziieren wir nämlich sofort Einschränkung, Geldmangel, Existenzangst, Verlust an Lebensqualität, Verzweiflung, Entbehrung, Verlust von Gesundheit, Vitalität und Lebensmut.

Aber muß das so sein? Bedingt Arbeitslosigkeit denn automatisch derart schlimme Folgeerscheinungen? Oder projizieren wir die Arbeitslosigkeit und ihre negativen Begleiterscheinungen selbst auf den Bildschirm unseres eigenen Geistes, und sie treten genau deswegen auch ein?

Könnte die Arbeitslosigkeit vielleicht sogar um weit mehr als fünfzig Prozent reduziert und eine rasche Trendwende eingeleitet werden, wenn wir ganz bestimmte, seit Jahrtausenden geltende geistige Naturgesetze nicht ständig mit Füßen treten würden?

Unmöglich, sagen Sie? Wurde bis vor ganz wenigen Wochen nicht auch vehement jegliches organische Leben auf dem Mars durch unsere Wissenschaft kategorisch ausgeschlossen?

Tatsächlich ist es so, daß sich die Angst vor einem möglichen Verlust des Arbeitsplatzes, wenn wir uns tagtäglich von ihr beherrschen lassen, in den tiefsten Schichten unseres Unterbewußtseins festsetzt und dort solange Energie sammelt, bis sich die Dinge dann tatsächlich auch in unserem Leben genauso ereignen, wie wir sie lange Zeit befürchtet und somit selbst in unsere Realität hineingezüchtet haben.

Ist es möglich, daß wir alle Probleme und Schwierigkeiten in unserem Leben unbewußt selbst herbeiführen, nur weil wir noch viel zu wenig von Geist, Materie und deren ursächlichen, für unser tägliches Leben so unendlich wichtigen, Zusammenhänge wissen? Die Antwort hierauf ist ein klares, deutliches „JA'.

• Wie funktioniert der denkende Mensch?

Versuchen wir doch spaßeshalber einmal, in unserem jetzigen Leben Auswirkungen dessen zu finden, was wir früher gedacht, erträumt und dadurch auf den Weg der Verwirklichung gebracht haben.

Vielleicht hatten wir als Kind einen besonderen Berufswunsch, und doch lernten wir später etwas ganz anderes. Trotzdem sind wir möglicherweise heute genau in der damals erträumten Tätigkeit sehr erfolgreich. Vielleicht übte ein fremdes Land schon immer eine starke Anziehung auf uns aus, aber es erschien uns unerreichbar zu sein. Plötzlich erhalten wir ein Angebot, genau dorthin zu reisen, vielleicht sogar beruflich, und wir bekommen die Reise obendrein noch bezahlt. Oder wir wünschen uns ein bestimmtes Kleidungsstück oder einen Gegenstand für unsere Wohnung, und ganz überraschend bekommen wir genau das, was wir wollen, geschenkt, obwohl es bisher doch nur in unseren eigenen Gedanken existierte und wir auch nie mit jemandem darüber gesprochen haben.

Auch wenn wir denken, so etwas sei unmöglich, war unser Gedanke doch der Ursprung für die Existenz eines solchen Ereignisses oder Gegenstandes. Ohne die genaue Kenntnis davon, was ein einfacher Gedanke bewirken kann, haben wir unsere Wünsche in der Regel meist nie klar genug formuliert und weiterverfolgt und darum oft auch viel zu lange auf deren Erfüllung warten müssen.

Aus diesem Grund ist es für uns alle sehr schwierig zu verstehen, daß unsere eigenen Gedanken so viel Schöpferkraft und Energie beinhalten und daß sie ganz allein die Ursache für all das sind, was wir in unserem Leben erhalten, erleben oder erleiden. Wenn wir uns aber einmal mit den universellen Gesetzen des Seins und Lebens vertraut machen und uns bewußt darin zu üben beginnen, Gedanken bis zu ihrer Vollendung zu beobachten, dann werden wir immer und immer wieder die Bestätigung dafür erhalten, daß unsere Gedanken wirklich Allmacht besitzen, und deshalb die Notwendigkeit eines ganz bewußten, gezielten konstruktiv-positiven Denkens immer besser einsehen.

• Ständige Manipulation durch andere

Gelingt es uns einmal, unseren augenblicklichen Lebensausdruck, also die aktuelle persönliche Situation, zu ihrem gedanklichen Ursprung zurückzuverfolgen, so werden wir feststellen, daß das meiste in unserem Leben genau so eingetroffen ist, wie wir dies uns einst in unserem Inneren vorgestellt, gewünscht oder – gerade in Sachen Arbeitslosigkeit – befürchtet hatten.

Unser Bewußtsein ist nicht von dem anderer Menschen abgetrennt, wie viele dies vermuten, sondern direkt mit ihnen verbunden. Wie sonst könnten denn Gedankenübertragungen möglich sein? Oder wie könnten Erfindungen nahezu gleichzeitig von verschiedenen Menschen in verschiedenen Erdteilen gemacht werden? Denken wir nur an die ersten Flugapparate, die ersten Dampfmaschinen oder auch Computer.

Auf diese Art und Weise empfangen wir alle unter anderem aber auch sehr viele kollektive Vorstellungen, die gar nicht unsere eigenen sind. Alles was wir beispielsweise via Medien vermittelt bekommen beeinflußt ebenfalls sehr, sehr stark unser Denken und dadurch zwangsläufig auch unser Leben.

Solange wir unsere eigenen Wünsche und Vorstellungen aber nicht selbst klar entwickeln können und solange wir nicht lernen, diese bewußt auszudrücken, werden wir immer wieder Opfer des sogenannten Massenbewußtseins sein: Wir ziehen uns durch das Gleichschalten mit dieser übrigens dominant negativen Massenenergie unbewußt all das in unser Leben hinein, was gar nichts mit unseren wahren Wünschen, Vorstellungen und Bedürfnissen zu tun hat. Wir können nämlich immer nur das in unserem Leben erschaffen, womit wir uns dominant beschäftigen und identifizieren.

Um aus diesen meist negativen Kreisläufen aber endlich ausbrechen zu können, sollten wir sehr rasch lernen, unser

Leben gedanklich so zu beeinflussen, wie wir dies für wünschenswert halten.

• Umdenken ist notwendig

Um dies zu erreichen, ist es unverzichtbar, einige einfache, aber wirksame Techniken des positiv-konstruktiven Denkens anwenden zu lernen. Der Geist kann zum Beispiel den kranken Körper heilen, umgekehrt der Körper den Geist aber nicht. Also muß der Geist zwangsläufig viel mächtiger und stärker sein als der Körper. Deshalb müssen wir Gesundheit, Wohlbefinden und Wohlstand immer zuerst in unserem Denken als für uns verfügbar und uns zustehend annehmen können, um es später dann auch in unserer dreidimensionalen Welt in Empfang nehmen bzw. ausdrücken zu können.

Die meisten Menschen kommen oft nur deshalb nicht zu größerem Wohlstand, weil sie in ihrer Kindheit von Anfang an darauf getrimmt wurden, es nicht wert zu sein, etwas zu bekommen. Alles aber, was wir heute in dieser Welt ausdrücken und repräsentieren, ist ausschließlich unseren eigenen Gedanken der Vergangenheit entstiegen; ob wir uns dessen bewußt sind oder nicht, ist dabei ganz unwesentlich. Unsere Gedanken gestalteten schon immer unsere Lebensumstände, und das seit Anbeginn der Menschheit. Alles, was wir uns für die Zukunft wünschen, können wir demnach durch eine Veränderung unserer Denkgewohnheiten logischerweise auch erreichen.

Weise Sprüche wie beispielsweise „Wie Du in Deinem Herzen denkst, so bist Du" oder „Was ich am meisten gefürchtet habe, kam über mich" sind deshalb absolut wahr und entsprechen den geistigen Gesetzmäßigkeiten unseres

Lebens, erklären sie doch nichts anderes als die genaue Wirkungsweise unseres Denkens.

Ist es nicht sehr tröstlich zu wissen, daß wir weder den Sternen noch irgendwelchen Göttern oder Dämonen ausgeliefert sind, sondern lediglich unseren eigenen Gedanken, mit denen wir ab sofort unser Leben und die damit verbundenen Umstände ganz entscheidend beeinflussen und verändern können?

• Denken ist Erschaffen

Was immer wir dominant (egal ob positiv oder negativ) und vielfach wiederholt denken beziehungsweise mit Gefühlen besetzen, dringt irgendwann unweigerlich in unser Leben. Allein durch unsere Gedanken setzen wir die Ursache dafür, und nach dem Naturgesetz der Schöpfung vollzieht sich eines Tages auch ganz automatisch die Wirkung. Solange uns diese gesetzmäßigen Zusammenhänge nicht klar sind, aktivieren wir natürlich noch pausenlos Negativenergien wie Befürchtungen und Ängste und müssen uns danach dann zwangsläufig mit den völlig unerwünschten Folgen dieses geistigen „Zeugungsvorganges" herumplagen. Richtig konstruktiv denken zu lernen ist deshalb ein wesentlicher Bestandteil eines glücklichen Lebens.

Wenn wir nur einmal unsere Gedanken beobachten, wie sie ständig und völlig unkontrolliert wechselnd durch unseren Kopf strömen (etwa 50.000 Gedankengänge pro Tag), werden wir auch verstehen, daß erfolgreiches Handeln nur aus bewußt gelenktem Denken kommen kann.

Man muß aber nicht notwendigerweise ein gottgläubiger Mensch sein, um die Möglichkeiten des positiv-konstruktiven Denkens auszuschöpfen; es ist jedoch sehr hilfreich, sich vor-

zustellen, daß es eine übergeordnete Macht gibt, die durch
unsere Gedanken wirkt und die größer ist als alle sonstigen
Kräfte, die wir kennen, und die, weil sie uns ja selbst auch erschaffen hat, immer zu unserem Besten wirken möchte.

Durch positive Vorstellungen aktivieren wir diese Kraft,
und unsere Wünsche gelangen dadurch leichter und schneller in die Verwirklichung. Kein normaldenkender Mensch
wird je die Existenz einer Macht, die größer als der Mensch
selbst ist, ernsthaft leugnen wollen. Sogar die Naturwissen-
schaften erbringen ständig neue Beweise für die Gegenwart
einer Urkraft, die einst unser ganzes Sonnensystem geschaffen hat.

• Dr. John Eccles

Apropos Wissenschaften: Wissen Sie eigentlich, daß Wissenschaften und deren Erkenntnisse immer nur der gegenwärtige Stand des Irrtums sein können? Glaubt nicht jede
Epoche und jede Generation felsenfest daran, daß ihre jeweiligen Erkenntnisse der Weisheit allerletzter Schluß sei-
en? Und doch gibt es immer wieder neue, weiterführende
Erkenntnisse und Entdeckungen. Trotzdem: Wäre es denn
nicht sinnvoll, die neuesten Forschungsergebnisse zum
Wohl der Menschen zu verbreiten, sie bekannt und damit allen zugänglich zu machen? Gerade aber auf dem Gebiet des
Neuen Bewußtseins und geistig-körperlicher Zusammenhänge dekorieren wir Forscher gerne mit Preisen und Aus-
zeichnungen, um danach die Forschungsergebnisse schnell
und heimlich in der Schublade verschwinden zu lassen.

Im Jahr 1963 beispielsweise legte der australische Hirn-
forscher und Nobelpreisträger Dr. John Eccles Forschungsergebnisse vor, die das bis dahin geltende Weltbild der ge-

samten seriösen Wissenschaft bis ins Mark erschütterten.
Dr. Eccles belegte anhand von Ergebnissen und Fakten un-
zweifelhaft, daß wir uns künftig mit einer völlig neuen Hy-
pothese im Zusammehang von Geist und Materie anfreun-
den müssen. Er entdeckte, daß das menschliche Bewußtsein
grundsätzlich etwas vom Gehirn völlig Unabhängiges,
außerhalb des zentralen Nervensystem Existierendes angesehen werden muß, das mit dem entsprechenden Organ,
dem Gehirn, wohl aber in Wechselbeziehung steht. Somit ist
das Gehirn ein physisches Offenbarungswerkzeug für etwas
von ihm völlig Unabhängiges, Außenstehendes, einer in sich
selbst gerundeten Seinsform.

• Nun, was bedeutet dies?

Nicht mehr und nicht weniger, als daß wir Menschen zwei
Körper haben: Einen feinstofflichen geistigen und einen
grobstofflichen physischen.
   Genau das, was Metaphysiker und die esoterische Wissenschaft uns schon seit Jahrhunderten zu vermitteln versuchen, und was wir, die wir im Laufe der Zeit hoffnungslos
der rein materiellen Seite unseres Lebens verfallen sind, seit
langer Zeit so erfolgreich und unverblümt in die eigens von
uns dafür eingerichtete „Sektenecke" abschieben.
   Warum aber, so sollten wir uns als aufgeklärte Bürger
doch ganz laut zu fragen trauen, wissen wir nichts von solch
revolutionären und tiefgreifenden – weil unser tägliches Leben ganz vehement berührenden – wissenschaftlichen Erkenntnissen? Die Antwort hierauf ist sehr einfach: „Weil
nicht sein kann, was nicht sein darf!"
   Genau aber in diese Nische der Desinformation stoßen
bekanntlich seit Jahren schon die verschiedensten Sekten,

allen voran Ron Hubbards Scientologen. Viele Sekten tun zu Anfang nämlich nichts anderes, als genau diese geistigen Gesetzmäßigkeiten zu schulen, um die Menschen später dann einmal, wenn sie Mitglieder geworden sind, mit haarsträubenden Vorschriften, total überteuerten „Weiterbildungsseminaren" und Repressalien aller Art auszubeuten und unter Druck zu setzen. Die Scientology-Sekte braucht nicht bekämpft zu werden (das wertet nur zusätzlich auf) – Scientology würde man ganz einfach dadurch die Grundlage entziehen, indem man über breit angelegte Kampagnen in den Medien die Öffentlichkeit über die geistigen Gesetzmäßigkeiten umfassend aufklärte. Sehr sinnvoll wären die Einrichtung von Beratungsbüros für in Not geratene Mitbürger (beispielsweise arbeitslose) oder auch psychisch labile Menschen, denen mit der Erlernung und Befolgung der geistigen Gesetze äußerst wirksame Selbsthilfeinstrumente in die Hand gegeben werden könnten. Außerdem würde dieser Personenkreis auf diese Weise gegen eine etwaige Scientology-Ausbeutung immunisiert werden.

● Es ist der Geist, der sich den Körper baut
(Friedrich Schiller)

Alles, was wir denken und fühlen, wovon wir tief überzeugt sind, was wir erwarten, erhoffen und befürchten, ist aber ebenso fruchtbar wie ein Samen, den wir in unserem Bewußtsein ablegen, so wie der Bauer dies in der Furche auf dem Acker tut. Und genauso, wie ein Weizenkorn ausschließlich nur einen Halm mit Weizenkörnern hervorbringen kann und niemals beispielsweise eine Zuckerrübe, so vollzieht sich auch im täglichen Leben immer nur das, was wir in unserem eigenen Bewußtsein zuvor selbst ausgesät haben. Dazu gehören aber vor allem auch Einflüsse und Ängste, Programmierungen und Glaubenssätze, die oft in frühester Kindheit schon durch andere auf dem Feld unseres Unterbewußtseins eingesät wurden, ohne daß wir dies mitbekommen haben beziehungsweise es beeinflussen konnten. So wie der Samen auf dem Feld aber Sonne und Wasser für sein Wachstum braucht, so braucht der geistige Samen in Ihrem Unterbewußtsein adäquat sich immer selbst wiederholende Vorstellungsbilder und Gefühle, um sich im Außen, also in der realen Welt, als handfestes Ergebnis verwirklichen zu können.

Soweit, so gut. Aber nun lassen Sie uns am besten nach diesem Ausflug in die Gesetzmäßigkeiten unseres Lebens wieder zurückkehren zu unserem eigentlichen Thema, der Arbeitslosigkeit, und ihre für alle Betroffenen so unangenehmen Begleiterscheinungen.

Grundsätzlich muß man also sagen, daß niemand je arbeitslos werden kann, wenn in seinem Unterbewußtsein nicht die „Bereitschaft" dazu vorhanden ist. Andererseits kann auch jeder wieder Arbeit finden, wenn er seine Gedankenkraft entsprechend positiv steuert. Auch wenn dies alles auf den ersten Blick sehr provokant, arrogant und vielleicht sogar etwas abgehoben klingen mag, wegzudiskutieren ist es doch nicht.

• Medien und Arbeitslosigkeit

Während der olympischen Sommerspiele 1996 in Atlanta wurde eine Laienpredigerin einer amerikanischen Gemeinde von einer deutschen Journalistin gefragt, was sie denn zu dem fürchterlichen Bombenanschlag im Olympiapark sagen würde. Ihre Antwort war ganz einfach, sie sagte sinngemäß:

„Dieser Anschlag ist nur die logische Folge jener Angstkampagne vor einem Bombenanschlag, die schon vor Jahren begann. Je mehr wir aber Unglücksfälle, Terroranschläge, Morde und so weiter befürchten, besprechen und sie dadurch ständig mit Energie nähren, desto wahrscheinlicher wird es sein, daß sie sich auch vollziehen – basierend auf dem einfachen Naturgesetz von Ursache und Wirkung." Die Journalistin kommentierte diese kluge Antowrt beleidigt mit dem Satz: „Natürlich sind wieder einmal die Medien an allem schuld!"

Gerade Journalisten fühlen sich in solchen Situationen sehr schnell angegriffen und reagieren dann bar jeglicher Kenntnisse über die wirklichen Gesetzmäßigkeiten des Lebens mit Unverständnis, wenn ihnen Zusammenhänge erläutert werden, denen sie geistig nicht folgen können oder wollen.

Ob die Medien es aber hören wollen oder nicht, sie sind nun einmal diejenigen, die mit ihrer Berichterstattung permanent mentale Gifte, sprich Ängste und Befürchtungen im Bewußtsein der Menschen aussäen, schüren, pflegen und somit hauptverantwortlich für viele Negativentwicklungen sind, die ohne ihr Zutun in diesem Maße oft gar nicht so heftig eingetreten wären.

• Fragen Sie einmal Ihren Bauch

Wird nicht auch Ihr Angstpotential, lieber Leser, immer wieder aufs neue aktiviert und dadurch energetisch verstärkt, wenn Sie täglich Meldungen und Berichte über Pleiten, Betriebsschließungen oder auch Stellenabbau in verschiedenen Firmen lesen? Jeder dieser Berichte ist für diejenigen, die den Furchtgedanken (Same) in sich tragen, sie könnten selbst eines Tages von Arbeitslosigkeit betroffen sein, wie

ein Regenguß für ein Weizenkorn: Nahrungs- und Wachs-
tumspotential hoch drei. Je umfangreicher die Berichterstattung ist, desto mehr verbreitet sich aber die Angst. Sie
bemächtigt sich mit der Zeit auch derjenigen, die anfangs
noch gar keine Gefahr für sich selbst wahrnahmen!

Stellen Sie sich doch einmal Folgendes vor: Alle Medi-
envertreter – egal ob Presse, Rundfunk oder Fernsehen –
würden gemeinsam beschließen, dem Thema Arbeitslosigkeit in ihrer Berichterstattung von heute an keinen Raum
mehr zu geben und statt dessen ausschließlich über neue Firmengründungen, neu entstandene Arbeitsplätze, positive
Entwicklungen in der Wirtschaft und so weiter zu berichten.
Was glauben Sie, würde binnen weniger Jahre geschehen?
Stimmt, man braucht nicht einmal Experte auf dem Gebiet
des Neuen Bewußtseins zu sein, um in seinem eigenen
Bauch zu „erfühlen", daß allein dies schon eine positive
Wende in der Wirtschaft und auf dem Arbeitsmarkt einleiten
könnte, und genau so ist es. Würden Sie – und jetzt einmal
Hand aufs Herz – dann aber immer noch so oft Nachrichten
hören, die Yellow Press, die verschiedenen Journale oder
auch Ihre übliche Tageszeitung kaufen, wenn Sie nur noch
positive Berichte lesen würden? Ist es nicht vielmehr so, daß
auch Sie schnell umschalten, wenn die Tagesschau nicht zu
Beginn gleich von irgendeinem blutigen Ereignis berichtet,
weil ja nichts Wichtiges, sprich Negatives, passiert ist? Sind
wir doch ehrlich: Wir wollen doch die Sensationen, negativen Berichterstattungen, Bombenanschläge, Morde, Entführungen von Flugzeugen, Schiffen, Menschen oder auch
die neuesten Zahlen im Bereich der Arbeitslosigkeit. Wir
bitten doch selbst täglich um unsere „Schmerzpille", um die
Sonne und den Regen, die unsere selbstgepflanzten Negativ-
samen – egal welcher Art auch immer – wachsen zu lassen.
Dann, wenn die Zeit der Ernte gekommen ist, finden wir
i.d.R. immer sehr schnell einen Schuldigen, der genau dafür
verantwortlich gemacht werden kann, statt bei allem, was

uns in unserem Leben zustößt, vor den Spiegel zu treten, um dort dem wirklichen Initiator der Misere einmal tief in die Augen blicken zu können.

• **Was können wir tun?**

Zunächst ist es wichtig, sich folgende Gesetzmäßigkeit zu verinnerlichen: „Meine heutige Situation ist immer nur das Ergebnis meiner dominanten Ängste, Hoffnungen, Vorstellungen, Befürchtungen, Worte und Überzeugungen der Vergangenheit. Meine Zukunft ist deshalb nichts anderes als das Resultat der ‚geistigen Abläufe‘, die von heute an in mir stattfinden."

Nun fragen Sie sich sicherlich, was geschehen müßte, um nach dieser Theorie der Arbeitslosigkeit Einhalt bieten zu können. Stellen Sie sich nur einmal vor, die gleiche Menge an Energie, die im Moment noch zum weiteren Gedeihen der Arbeitslosigkeit aufgewendet wird, würde durch eine positiv-konstruktive Berichterstattung seitens der Medien neu kanalisiert – unterstützt durch jeden einzelnen von uns, der sich durch die Beschäftigung mit dieser positiven Berichterstattung und durch eigene disziplinierte konstruktive Gedankenvorgänge aufzubauen weiß.

Was glauben Sie, wie interessant – nur allein dadurch – der Wirtschaftsstandort Deutschland plötzlich wieder werden würde, wieviel neue Firmengründungen, bisher aus Ängstlichkeit zurückgehaltene Investitionen, getätigt und wieviel an neuem Erfindungsgeist, mehr Mut zum Risiko und mehr Leistungsbereitschaft seitens der Arbeitnehmer freigesetzt werden würde.

Ich sage Ihnen: Sie können sich diesen unheimlich starken positiven Energieschub, der allein dadurch in unserem

Lande einsetzen würde, nicht einmal in Ihren kühnsten Träumen ausmalen.

• Utopie und Wirklichkeit

Da diese Wunschvorstellung aber nahezu utopisch ist, sollten wir uns am besten die Frage stellen: Gibt es denn auf diesem Gebiet Möglichkeiten und Wege für die bereits Betroffenen, um sich aus dieser Umklammerung zu befreien? Die Antwort lautet: Selbstverständlich. Und sie führen sogar mit ein wenig gutem Willen und einer gehörigen Portion Selbstdisziplin zu oft recht schnellen Ergebnissen.

Hierzu folgendes Beispiel: Ein arbeitsloser Schlosser erzählte mir einmal seine Leidensgeschichte. Als er dreiundfünfzig Jahre alt war, schloß seine Firma von heute auf morgen die Tore. In dieser Zeit erzählte er jedem, der es hören wollte (aber auch jedem, der es nicht hören wollte), dasselbe: „In meinem Alter nimmt mich doch keiner mehr". So, wie man aber in den Wald hineinruft, kommt es bekanntlich auch wieder zurück (ein Sprichwort, über das es sich lohnt, einmal genauer nachzudenken). Jeden Tag schimpfte er auf die Regierung und die zu knappe Arbeitslosenunterstützung, und in den zwölf Monaten seit seiner Entlassung hatte er schon so manche Schuhsohle auf der Suche nach einem neuen Job durchgelaufen. Jede Absage, die er bekam, betrachtete er natürlich als Bestätigung seiner oben angeführten Philosophie, und so verstrickte er sich unmerklich mehr und mehr in seine eigene Negativität. Eines Tages schleppte ihn seine Tochter, die die Nase von seinem Gejammer endgültig voll hatte, zu einem Vortrag über das Neue Bewußtsein, was er mehr oder weniger widerwillig über sich ergehen ließ. Als er allerdings drei Stunden später nach Hause zurückkam, erkannte ihn seine Frau kaum wieder, denn er wirkte wie ausgewechselt. Er strahlte auf einmal ganz neuen Lebensmut aus, weil er während dieses Vortrages klar erkannt hatte, daß er selbst mit seiner negativen Einstellung es war, der sich andauernd im Wege stand. Am nächsten Tag schlug er dann wieder den Anzeigenteil seiner Tageszeitung auf, las aber zur Verwunderung seiner Frau alle Stellenangebote, nur nicht die, in denen ein Schlosser gesucht wurde. Zu seiner Gattin, die ihn etwas verwundert auf diesen neuen Umstand ansprach, sagte er: „Ich habe in der Vergangenheit immer fest geglaubt, daß ich nur zum Schlosser tauge. Aber jetzt weiß ich, daß dies ein großer Fehler war. Das Leben will mir anscheinend eine neue Chance geben und mich nicht bestrafen, wie ich immer glaubte!"

Drei Monate später traf er im Sportstadion einen alten Freund. Dieser Freund betrieb einen blühenden Handel mit Briefmarken, und da sein langjähriger Partner vor zwei Jahren verstorben war, fragte er unseren Schlosser, nachdem er von dessen Arbeitslosigkeit gehört hatte, ob er denn nicht Lust hätte, aufgrund seiner guten philatelistischen Kenntnisse bei ihm als Partner einzusteigen. Ohne zu überlegen sagte er begeistert zu, kratzte alles zusammen, was er an Geld besaß und stieg bei seinem neuen Freund in die Firma ein. Inzwischen sind nun schon einige Jahre ins Land gegangen, und aus dem einst frustrierten Schlosser ist inzwischen ein sehr erfolgreicher Geschäftsmann in Sachen Briefmarken geworden.

• Es macht wieder Spaß

Dieser Mann hatte erkannt: Worauf man seine Aufmerksamkeit richtet, dahin fließt auch die Lebenskraft. Genau diese disziplinierte Haltung bewahrte er sich über drei Monate hinweg ganz konsequent, und plötzlich präsentierte sich ihm im unerwartetsten Augenblick die Lösung, die sein Hobby zur Brücke in eine neue berufliche Zukunft umfunktionierte.

• Die Furcht loslassen

Lösen Sie sich also als erstes von Ihren Furchtgedanken und Furchterwartungen. Daß dies nicht leicht ist, weiß ich selbst am besten, und trotzdem sollte es jedem Betroffenen mit ein wenig Selbstdisziplin nach ein paar Tagen bereits möglich sein. Stellen Sie sich möglichst farbig und lebendig vor, wie Sie Ihre neue Anstellung zusammen mit Freunden und der Familie feiern. Fühlen Sie, daß es so ist, und spüren Sie dabei innerlich Ihre Freude und Ihr Glück darüber. Tun Sie dies mehrmals täglich und sprechen Sie zusätzlich – so oft wie möglich – mit Wärme den Satz: „Ich danke für diesen neuen, bestens dotierten Arbeitsplatz, der sich mir jetzt präsentiert." Dies nennt man eine Affirmation oder auch Bejahung, die dazu dient, Ihr inneres Erfolgsgefühl zu verstärken.

Stoppen Sie aber vor allen Dingen alles Gejammere, Geschimpfe und alle negativen Aussagen, wenn Sie mit dieser geistigen Behandlung beginnen, denn wo diese Sie hingebracht haben, das wissen Sie selbst inzwischen am besten.

Vertrauen Sie Ihrem Unterbewußtsein und schielen Sie nicht von Anfang an nach den Ergebnissen. Tun Sie Ihre Arbeit und warten Sie ab, was geschieht – denn auch das Bäumchen, das Sie heute in Ihrem Garten pflanzen, kann nicht schon nächste Woche Früchte tragen. Sie sollten ganz einfach solange dranbleiben, bis sich etwas tut. Je erwartungsloser Sie dabei bleiben, desto besser ist es, denn Sie vertrauen ja auch jenem eben erwähnten Baum in Ihrem Garten und graben ihn nicht jeden Tag erneut aus, um nachzuschauen, ob er schon ein paar neue Wurzeln bekommen hat.

Halten Sie diszipliniert an Ihrer persönlichen Umprogrammierung fest, und Sie werden bald gravierende Veränderungen zum Guten in Ihrem Leben feststellen. Gleichzeitig tragen Sie dazu bei, ein neues Bewußtsein in unserem Land und in der Welt zu etablieren. Daß genau dies aber heute dringend notwendig ist, liegt wohl bei all unseren momentanen weltweiten Schwierigkeiten auf der Hand.

Bleiben Sie also eng am Ball, und geben Sie dem Dämon Arbeitslosigkeit ab heute keinen Raum mehr in Ihrem Leben. Daß uns alle das Problem Arbeitslosigkeit wohl noch eine geraume Zeit Kopfzerbrechen bereitet, ist auch mir völlig klar. Aber wenn der einzelne Betroffene damit beginnt, umzudenken und eine neue Einstellung sich selbst und seiner momentanen Situation gegenüber einnimmt, hat er schon bald wieder eine ganz reelle Chance, zumindest sein eigenes, persönliches Schicksal zu wenden. Zu Schimpfen, zu resignieren und nach dem Staat zu rufen, ist zwar eine sehr beliebte, aber wie wir alle zwischenzeitlich wissen, keine sehr vielversprechende Alternative.

„Wenn die Winde der Veränderung wehen, bauen einige Mauern, andere Windmühlen!"

• Die Erfindung des Kugelschreibers

Sehen wir uns an dieser Stelle wieder ein kleines Beispiel an, das nachdrücklich belegt, daß die Gedanken selbst ein unendliches Kraftpotential besitzen, das von uns Menschen aber auch erkannt, gepflegt und vor allem positiv umgesetzt werden muß.

Es geht um die Erfindung des gemeinen Kugelschreibers. Jeder kennt und benutzt ihn, er ist auf der ganzen Welt mit Zigmilliarden von Exemplaren verbreitet – vom billigen Plastikgriffel bis zum goldenen Luxusschreibgerät. Seinen Siegeszug trat der praktische Kugelschreiber vor etwa fünfzig Jahren an. Im Jahr 1945 wurde er in den USA erstmals in großer Menge hergestellt und zum für damalige Verhältnisse stolzen Preis von acht Dollar fünfzig mit dem Werbeslogan „Schreibt auch unter Wasser" auf den Markt geworfen. Bereits in den ersten 24 Stunden wurden über 10.000 Stück davon verkauft.

• Mit zuwenig Energie gearbeitet

Interessant aber ist, daß zwei verschiedene Erfinder Anspruch auf die Urheberrechte erheben. Bereits 1888 nämlich hatte der Amerikaner John L. Loud die geistige Vorstellung von einem Stift mit fünf Kugeln, die für den richtigen Strich sorgen sollten. Loud hatte zwar den Plan im Kopf, experimentierte auch mit verschiedenen Prototypen, setzte aber einfach nicht genügend geistige Energie ein, weil er gar nicht auf die Idee kam, daß dieses Gerät ein großes Geschenk an die ganze Menschheit sein könnte.

Im Jahr 1938 kam dem ungarischen Journalisten Ladislaus Wiro ein ähnlicher Gedanke. Seine Tochter war eines Tages weinend nach Hause gekommen, weil ihre Klassenkameraden ihr die Murmeln weggenommen hatten. Als er die Kinder schließlich aufspürte und zur Rede stellen wollte, sah er, wie eine der Murmeln gerade durch eine schmutzige Pfütze rollte und danach auf dem Trockenen eine kurze

Schmutzspur hinterließ. Dieser Mann erkannte sofort, daß dieses Prinzip auch für die Herstellung eines Tintenstiftes angewandt werden konnte, und erfand im Laufe der nächsten Monate den ersten Kugelschreiber.

• Der Unterschied war die Vision

Im Gegensatz zu John L. Loud aber sah er vor seinem geistigen Auge auch die immensen geschäftlichen Möglichkeiten und arbeitete mit Vorstellungskraft, Geduld und Begeisterung daran, dem Kugelschreiber den Siegeszug durch die ganze Welt zu ermöglichen. Natürlich können wir heute im nachhinein alle sagen: „Das hätte ich auch gekonnt!" Aber bitte denken Sie daran, daß Wiro lediglich eine Idee hatte, so wie Sie vielleicht auch eine Idee von einem schönen Haus oder einer besser bezahlten Stellung haben; hätte er sie aber nicht täglich genährt und alle auftauchenden Schwierigkeiten immer wieder aufs neue bewältigt, wäre der Kugelschreiber – wie zuvor bereits bei Loud – auch bei ihm in der Schublade liegengeblieben und in Vergessenheit geraten. Merken Sie sich deshalb bitte: Eine brillante Idee klingt anfangs nur selten brillant; sie klingt albern, eben weil sie anders ist. Ich bin zum Beispiel ganz sicher, daß in spätestens achtzig bis hundert Jahren das konstruktive Denken zu den Hauptfächern in den meisten Schulen der Welt gehören wird, eben weil es die Grundlage allen Lebens ist, auch wenn es heute in den Augen der meisten Menschen als Humbug, Blödsinn oder schlicht Scharlatanerie abgetan wird.

Der Siegeszug des konstruktiven Denkens und des Neuen Bewußtseins, der vor etwa fünfzig Jahren in Amerika begann, ist heute genausowenig aufzuhalten wie einst der von Auto, Elektrizität, Telefon, Radio oder Fernseher – und wie

wurden all diese heute so selbstverständlichen und nicht
mehr aus unserem Leben wegzudenkenden Errungenschaf-
ten in ihrer Anfangszeit verlacht, verspottet und bekämpft.

• Der Beginn des Siegeszuges

Doch lassen Sie uns wieder zur Erfindung des Kugelschreibers zurückkehren. Im Jahr 1940 emigrierte Wiro nach Ar-
gentinien, wo er sich im Juni 1943 das erste Patent für einen
Kugelschreiber erteilen ließ. Im Jahr darauf wurde in Ar-
gentinien der erste Stift in noch kleinen, bescheidenen
Stückzahlen hergestellt, was sich aber sehr schnell änderte,
und heute könnten wir uns ein Leben ohne Kugelschreiber
fast gar nicht mehr vorstellen.
   Wiro sah dies aber lange bevor der erste Kugelschreiber
überhaupt in Produktion ging, bereits geistig vor sich, und er
sah auch die Produktionsstätten und Absatzmärkte. Er akti-
vierte diese Bilder ganz bewußt so lange vor seinem geistigen Auge, bis diese sich verselbständigten, ihn von Teilerfolg zu Teilerfolg führten und schließlich in ihrer vollen
Größe zu – wie es in der Bibel heißt – „Fleisch wurden."

• Die Rückseite der Medaille

Dies ist also die eine Seite der Medaille, deren Glanz nur
wenige sehen. Denn in den allermeisten Fällen ergeht es uns
so ähnlich wie dem Vater in der nächsten Geschichte, die
zeigt, wie dumm, ängstlich und ohne Selbstvertrauen bezie
hungsweise Gottvertrauen so viele unzählige Menschen auf
dieser Welt agieren.

Es war einmal ein einfacher Mann, der in einer großen Durchgangsstraße New Yorks wohnte und dort heiße Würstchen verkaufte. Er war schwerhörig und besaß deshalb kein Radio. Seine Augen schmerzten oft, und aus diesem Grund las er auch keine Zeitung; aber er verkaufte gute Würstchen. Er brachte Tafeln an der Straße an, welche Passanten auf seine Würstchen aufmerksam machten, pries sie selbst lautstark an, und die Leute kauften gerne bei ihm.

Seine Bestellungen beim Metzger und beim Bäcker wurden rasch immer umfangreicher. Er brauchte bald einen größeren Herd, um all seine Kunden bedienen zu können; sogar seinen Sohn ließ er von der Universität nach Hause kommen, da er dringend helfende Hände brauchte.

Aber dann geschah etwas Sonderbares. Sein Sohn sagte zu ihm: „Vater, hast Du nicht gehört, was sie im Radio erzählen? Wir befinden uns mitten in einer großen Krise. Die Lage ist schrecklich, und sie wird immer noch schlimmer." Darauf sagte sich der Vater: „Mein Sohn hat die höhere Schule besucht, er liest Zeitungen und hört Radio, er muß es ja wissen." Deshalb kaufte er von da an weniger ein, entfernte die Tafeln und machte sich auch nicht mehr die Mühe, auf der Straße zu stehen und selbst seine Ware anzupreisen. All dies führte dazu, daß sein Umsatz über Nacht merklich zurückging. Alsbald wandte sich der Vater an den Sohn und sagte: „Du hattest recht, Sohn, wir stecken mitten in einer tiefen Krise."

• **Wir alle begrenzen uns selbst**

Auch ich gehörte fast 26 Jahre lang zu denen, die sich eher im zweiten Teil der Geschichte wiedergefunden haben. Aber ich habe, trotz des Gelästers meiner Bekannten und Freunde, ganz konsequent die Fronten gewechselt. Und ich bin

sehr froh darüber: Heute würden mich keine zehn Pferde
mehr von meinem neuen Weg abbringen.

● **Denken ist mentales Erschaffen**

Wann immer wir denken, geben wir im Grunde genommen
eine Art Bestellung an das Universum auf. Je klarer wir diese Bestellungen benennen können, desto besser kann unser
Wunsch in Erfüllung gehen. Bezweifeln wir jedoch, ob wir
es wert sind, bestimmte Dinge zu erhalten, oder glauben wir
nicht, daß es das, was wir wünschen, auch für uns gibt, so
stornieren wir dadurch unsere Order gleichzeitig wieder –
und bekommen nichts oder eben nur etwas Minderwertiges.
So kann zum Beispiel ein neues Auto geistig schon vor
unserer Tür stehen; wenn wir es aber nicht annehmen können und diese Vorstellung anzweifeln, wird es niemals Realität werden. Ein anderer, der mehr Vertrauen hat, bekommt
es hingegen vielleicht mühelos in nur wenigen Wochen. Es
ist nicht notwendig zu verstehen, warum dies so ist. Um te-
lefonieren zu können, muß ich ja auch nicht genau verstehen, wie der Apparat funktioniert, es genügt zu wissen, daß
er funktioniert und vor allen Dingen, wie ich ihn bedienen
muß.
Die Macht unserer Gedanken ist ständig für uns im
Dienst, und wie wichtig ein klar unterscheidender Geist und
eine genaue Vorstellung von dem, was wir uns wünschen,
ist, sollten wir bei der Gestaltung unserer Zukunft, die ja –
wie wir zwischenzeitlich wissen – ausschließlich aus unserem eigenen Bewußtsein kommt, berücksichtigen. Fast genauso wichtig ist aber auch unser Gefühl, mit dem wir ständig unsere Gedankenwelt erfüllen. Aber dazu etwas mehr im
nächsten Kapitel.

Kapitel 5

Denken und Fühlen erschafft
Täter und Opfer
Die Gründe liegen immer im Denken
Selbstbestrafung
Der Mensch ist keine Massenware
Der Brunnenfrosch
Nur das Umsetzen bringt Erfolg
Scharlatane sind leicht zu entlarven
Wichtig: Die Intuition einsetzen
Die Antworten kommen mit absoluter Sicherheit
Die große Katherine Hepburn
Die Verantwortung liegt immer bei Ihnen

• Denken und Fühlen erschafft

Egal, was auch immer wir in unserem Leben verwirklichen wollen: Wir müssen immer zuerst unser Bewußtsein dazu bringen, das Gewünschte zu umreißen, es quasi in eine feinstoffliche Form zu bringen.

Nehmen wir einmal an, Sie würden sich eine Reise nach Paris wünschen, eine neue Küche oder vielleicht einen sehr liebevollen, zu Ihnen passenden Partner fürs Leben. Zunächst müssen Sie wissen, daß Sie – egal was es auch sein mag – niemals aus dem Unsichtbaren erschaffen, denn schon in dem Moment, in dem Sie damit beginnen, sich das Gewünschte vorzustellen, hat es durch Ihre geistige Vision allein schon einen sehr hohen Grad an Sichtbarkeit erlangt. Sie schaffen nämlich durch Ihre Vorstellungskraft sozusagen die Ur-Gußform, in die später Ihre Energien hineinfließen können, und je detaillierter Sie diese Gußform ausarbeiten, um so genauer kann das Erwünschte auch eintreten.

Wenn jemand beispielsweise davon träumt, einmal nach Frankreich reisen zu können und geistig bereits durch die Normandie oder Bretagne fährt, dann wird er auch irgendwann genau dort hinkommen. Ein anderer dagegen, der sich mit Bildern von Paris, dem Eiffelturm, der Champs Elysée beschäftigt und seine Sehnsuchtsenergie in diese Vorstellungsbilder hineinfließen läßt, wird exakt dieses Bild verwirklichen und eben nicht in die Bretagne reisen.

Denken ist ein realer Vorgang, und unsere Gedanken sind von Natur aus unbegrenzt. Das, was wir selbst für uns als unmöglich erachten, blockieren auch wiederum wir selbst, eben dadurch, daß wir es für unmöglich halten. Diese

Blockaden und Begrenzungen sind ausschließlich unsere eigenen Entscheidungen, unser eigenes „Mangeldenken" und niemals die Schuld des Universums.

• Täter und Opfer

Wir alle sind immer sowohl Täter als auch Opfer, denn unsere eigenen Gedanken sind ja ursächlich die eigentlichen „Väter" beziehungsweise „Mütter" aller unserer geistigen Vorstellungen. Daß aber gerade diese Tatsache ein unumstößliches Gesetz im Universum ist, verdaut der in geistig-seelischen Zusammenhängen Ungeschulte in der Regel nur sehr schwer. Am transparentesten wird dies beispielsweise bei Diskussionen, wie ich sie selbst schon des öfteren im Fernsehen geführt habe. Nehmen wir an, es geht dabei um Menschen, die chronische Krankheiten, extrem viele Unfälle oder immer wieder Partnerschaftsprobleme haben. Wenn man in solchen Fällen damit beginnt, seelische Hintergründe zu beleuchten und die Ursachen aufzudecken, dann erntet man anfangs zumindest von einem großen Teil der Moderatoren und des Publikums heutzutage durchaus verständnisvolles Kopfnicken und manchmal sogar Beifall. Auch die betroffene Person selbst signalisiert, daß ähnliche seelische Abläufe wirklich vorlagen und daß genau dies wirklich die eigentlich versteckte Ursache sein könnte. Soweit, so gut!

Wehe, Sie analysieren aber auf die exakt gleiche Art und Weise – denn Gesetze sind nun mal unveränderbar – die Hintergründe bei einem Arbeitslosen, der entlassen wurde, weil die Firma Arbeitsplätze streichen mußte und er vielleicht drei- bis fünfhundert Bewerbungen in den letzten Jahren verschickt hat. In diesem Fall vollzieht sofort fast jeder

Moderator oder Journalist sowie ein großer Teil des Publikums entrüstet eine Kehrtwende.

So geschehen beispielsweise in einer Talk-Show von RTL, zu der ich 1996 als Experte für geistig-seelische Zusammenhänge eingeladen war. Sofort wurde ich mit dem Argument „So kann man das in diesem Fall aber nicht sehen" in meinen Ausführungen gestoppt, obwohl ich nichts anderes tat, als das Gesetz von Ursache und Wirkung zu beschreiben.

• Die Gründe liegen immer im Denken

Egal also, warum ich arbeitslos geworden bin, und wenn ich tausend noch so verständliche Gründe für eine nicht bestehende Mitschuld daran vorlegen kann, wenn ich im Unterbewußtsein nun einmal nicht bereit bin, arbeitslos zu werden, dann werde ich es auch niemals sein. Glauben Sie mir, ich weiß nicht nur fachlich, wovon ich rede, sondern auch aus eigener, zugegeben bitterer Erfahrung: Auch ich war in meinem Leben schon drei Mal arbeitslos; allerdings war ich jeweils selbständig zu diesem Zeitpunkt, und in diesem Fall gibt es kein Arbeitsamt, keine Stütze und auch kein soziales Netz. Es gibt nur zwei Möglichkeiten: Entweder man packt es, oder man gehört der Fürsorge. Genau dies ist auch der Grund, warum man ganz schnell damit beginnt, nach allen Arten von Lösungen zu greifen, die sich einem bieten. Ich bin jedenfalls überzeugt davon, daß genau dieser Leidensdruck die einzig wirkliche Möglichkeit ist, unser Heer der Arbeitslosen nachhaltig aufzulösen. Egal, welche Gründe auch vorliegen – erst dann, wenn der Mensch aufhören muß, die Schuld anderen zuzuschieben, beginnt er, bei sich selbst – und damit an der einzig richtigen Adresse – zu suchen. Allerdings, und das gebe ich gerne zu, wissen noch viel zu wenig Menschen etwas über diese Zusammenhänge und die immensen und wundervollen Möglichkeiten, damit dem Leben neue Dimensionen und Chancen zu eröffnen. Arbeitslosigkeit fordert uns zu Flexibilität auf und ist ein Indiz für dringend notwendige (weil die Not-wendende) persönliche Veränderung.

• **Selbstbestrafung**

Wir alle schaffen uns immer unsere eigenen Gefängnisse, und zwar mit jedem negativen Satz, den wir aussprechen und der die Worte „Ich kann nicht" beinhaltet. „Ich kann nicht" heißt immer: „Ich will nicht." Wir alle sind gleichermaßen von Gutem umgeben, es gehört uns. Wir bekommen aber immer nur soviel davon, wie wir verstehen und zu verkörpern imstande sind.

• **Der Mensch ist keine Massenware**

Das Gesetz selbst ist immer gegenwärtig, wir müssen es allerdings erst verstehen lernen, bevor wir es positiv für uns in Funktion setzen können. Wäre es anders, so wären alle Menschen auf der ganzen Welt gleich reich oder gleich arm. Aber genau die Vielfalt an Ausdrucksformen auf dieser Erde sind der untrügliche Beweis für die perfekte Funktion dieser Gesetzmäßigkeit. Wäre es nicht so, müßten beispielsweise alle Menschen, die an Krebs oder Aids, also an sogenannten „unheilbaren" Krankheiten leiden, daran auch un-

weigerlich sterben. Aber genau das ist nicht der Fall; viele
hunderte, ja sogar tausende von Menschen haben diese sogenannten unheilbaren Krankheiten schon überwunden und
sind heute wieder kerngesund. Andere dagegen, die beispielsweise in den schmutzigsten Slums der Welt heran-
wuchsen, machten Weltkarriere, und auch der bereits millio-
nenfach nachvollzogene amerikanische Traum vom Teller-
wäscher zum Millionär hätte in keinem einzigen Fall Wirklichkeit werden können. Es ist nun einmal das Wesen eines
Gesetzes, unveränderlich zu sein, und uns Menschen gehört
wirklich alles Gute auf der Welt. Wir sind aber auch viele
hundert Mal in verschiedenen Körpern hier auf dieser Welt,
um gerade mit diesen ewig gültigen Naturgesetzen erfolgreich umgehen zu lernen und ein guter „Werkzeugmacher"
zu werden, der selbst eines Tages wirklich jede Form, die er
verwirklicht sehen möchte, durch Imagination erschaffen
kann, um sie danach mit kosmischer Energie zu füllen und
sie auf diesem Weg wirklich sichtbar und greifbar zu Materie werden zu lassen.

• Der Brunnenfrosch

Ein alter Frosch lebte in einem Brunnenloch. Eines Tages
kam ein Frosch vom Meer zu Besuch. „Woher kommst Du
denn?", fragte der Brunnenfrosch. „Vom großen Ozean", antwortete der andere. „Wie groß ist denn Dein Ozean?" – „Oh,
er ist riesig!" – „Etwa ein Viertel meines Brunnens?" –
„Nein, viel größer!" – „Du meinst, halb so groß wie dieser
Brunnen?" – „Viel größer!" „Willst Du damit sagen, Dein
Ozean ist so groß wie mein ganzer Brunnen?" – „Kein Vergleich!" – „Das ist unmöglich", sagte der Brunnenfrosch,
„das muß ich selbst sehen." So machten sie sich auf zum

Meer. Als der Brunnenfrosch den Ozean sah, war der Schock so groß, daß ihm der Kopf in tausend Stücke zersprang.

• Nur das Umsetzen bringt Erfolg

Wenn ich an die vielen Menschen denke, die mir täglich schreiben, nachdem sie ein Buch von Murphy, Peale, Holmes oder auch von mir selbst gelesen haben, so kann man ganz klar von einer Zwei-Klassen-Gesellschaft reden.

Der ersten Klasse kann man all diejenigen zuordnen, die reine Leser sind und die mir versichern, wie toll und informativ all diese Bücher waren. Meist beginnt der zweite Teil eines solchen Briefes mit dem Satz: „Und nun zu meinem Problem."

In die andere Klasse gehören diejenigen, die mir schildern, wie sie das Gelesene umgesetzt haben, und die mir bereits von ihren ersten, manchmal fast unglaublich zu nennenden Erfolgen berichten.

Begreifen allein reicht nun einmal nicht, Sie müssen ihr Wissen auch anwenden lernen, versuchen, es umzusetzen, so wie alles im Leben. Oder glauben Sie, Sie könnten heute noch Auto fahren, wenn Sie damals vor zwanzig Jahren bei der Führerscheinprüfung gesagt hätten: „Ab sofort brauche ich nicht mehr zu fahren! Ich halte ja den Beweis dafür, daß ich es kann, für alle Zeiten in der Hand!"

• Scharlatane sind leicht zu entlarven

Vor vielen Jahren lernte ich auf einem Seminar in Norddeutschland eine Frau kennen, die mir in den Pausen lange

Vorträge über das positive Denken hielt und mich durch ihre Begeisterung zunächst sehr zu beeindrucken wußte. Ich stellte dann fest, daß sie diese Art Selbstfindungsseminar, auf dem wir uns kennenlernten, schon zum fünften oder sechsten Mal absolvierte. Da sie während der Essenspausen immer wie selbstverständlich am Tisch der Seminarleitung saß, orientierte auch ich mich automatisch ein wenig an ihr. Wenn es mir während dieser drei Tage nicht so besonders gut ging, weil ich gerade eine kleine Krise hatte, – und das ist bei einem Selbstfindungsseminar immer drin – fand ich in Marion eine dankbare Anlaufstation. Irgendwann – ich hatte gerade geschäftlich in ihrer Nähe zu tun – besuchte ich sie dann einmal und fiel prompt binnen weniger Minuten vor lauter Enttäuschung aus allen Wolken.

Das Verhältnis zu ihrer damals zwanzigjährigen Tochter war nämlich katastrophal schlecht. Beide schrien sich türenwerfenderweise pausenlos an und bekämpften sich Tag und Nacht bis aufs Messer. Marion ließ sich sogar Sicherheitsschlösser an Schränken und Türen, ja sogar am Telefon anbringen, weil sie befürchtete, von ihrer Tochter bestohlen zu werden. Als sie mich dann noch um Haushaltsgeld für etwa zehn Tage anpumpte, weil angeblich der Scheck des Reinigungsunternehmens, für das sie arbeitete, noch nicht eingetroffen sei, wurde mir schnell klar, daß ich an einen Scharlatan geraten war.

All ihr Geschwafel auf dem Seminar war lediglich angelesenes oder nachgeplappertes Wissen. Jetzt wurde mir auch klar, daß sie im Seminar nur deshalb so abgeklärt und selbstsicher gewirkt hatte, weil sie sich überhaupt nicht auf die jeweiligen Übungen einließ, sondern nur darauf bedacht war, ihre wacklige Fassade aufrecht zu erhalten.

Zwei Jahre danach erhielt ich von dieser Frau dann ein bedrucktes DIN-A4-Blatt zugeschickt, worauf sie selbst Seminare für Selbstfindung und positives Denken anbot. In einem kurzen Telefonat mit ihr – die Sache interessierte mich nämlich – bekam ich schnell heraus, daß sie sich selbst überhaupt nicht verändert hatte. Genau deshalb fand auch so gut wie kein Teilnehmer den Weg zu ihr – diejenigen, die sie anzog, waren fast alle vom gleichen Schlag wie sie und pumpten nun ihrerseits Marion an, wie ich später dann erfuhr. Wie sagt ein bekanntes Sprichwort doch gleich: „Wenn aber ein Blinder einen Blinden führt, dann fallen sie beide in die Grube."

Die geistigen Gesetze sind Gottes Gesetze und deshalb unbestechlich und von niemandem zu überlisten. Wer Betrug aussendet, zieht Betrüger und Betrug an. Deshalb informieren Sie sich, wenn Sie seriöse Seminare besuchen wollen, bereits im Vorfeld über das Umfeld und die Aktivitäten des Veranstalters und seiner Trainer. Es gibt wirklich gute und seriöse Seminarveranstalter im deutschsprachigen Raum, bei denen Sie gut aufgehoben sind und fachlich hervorragend betreut werden.

• Wichtig: Die Intuition einsetzen

Ein Weg dabei geht über die Intuition. Fragen Sie, wenn Sie nicht so recht wissen, zu wem Sie gehen sollen und Ihnen verschiedene Angebote vorliegen, ganz einfach Ihr Gefühl; es wird Sie zielorientiert zu den seriösen und für Sie richtigen Seminaren führen. Wenn Sie selbst ehrlich und aufrichtig Hilfe suchen, dann finden Sie in der Regel auch die richtigen Menschen und Gruppen, die diesem Anspruch genügen. Das Unterbewußtsein macht keine Fehler; deshalb lernen Sie mehr und mehr, mit dieser unendlichen Intelligenz in Ihnen zu kommunizieren und sie um Führung und Antworten zu bitten.

• Die Antworten kommen mit absoluter Sicherheit

Fragen an das Unsichtbare werden immer beantwortet und manifestieren sich sichtbar. Sollten Sie Zweifel an dieser Aussage haben, dann probieren Sie es doch einfach selbst einmal aus. Den Siegeszug der neuen Wissenschaften und des Neuen Bewußtseins kann und wird nichts im Universum mehr aufhalten können. Diese positiven Naturkräfte bestehen schon immer, aber wir haben sie jahrhundertelang sehr erfolgreich verdrängt, weil wir uns ausschließlich auf die materielle Seite des Lebens gestürzt haben. Aber nur der Geist, das große universelle „ich bin", wie es in der Bibel heißt, ist ausschließlich die Ursache, der Samen allen Seins. Der Geist bewegt sich in sich selbst, er fesselt den Unwissenden und macht den Wissenden frei.

Kann man aber das Denken sehen? Kann man den Geist sehen? Nein, aber Tatsache ist: Beides IST. Man muß aber auch nicht alles beweisen können, was ist. Dies ist unter anderen auch das heutige Problem der sogenannten seriösen Wissenschaften. Ihre Selbstbegrenzung und ihr Talent, sich selbst ständig im Wege zu stehen, sobald man die Grenze des Grobstofflichen einmal verlassen müßte, ist dabei der größte Hemmschuh. Wissenschaft kann, – wie bereits erwähnt – immer nur der gegenwärtige Stand des Irrtums sein. Auch die Schöpfung ist kein Produkt aus dem Nichts, sondern nicht mehr und auch nicht weniger als ein Übergang des Geistes in die Form. Geist ist somit alles in allem. In unserer dreidimensionalen Welt muß der Geist aber notgedrungen einen Körper haben, um sich ausdrücken und manifestieren zu können. Da wir aber selbst alle Geist sind, manifestiert in einem grobstofflich strukturierten Körper, können wir auch all die Formen, die wir in uns und um uns herum haben möchten, als Teil dieses allerschaffenden Geistes selbst bestimmen.

• Die große Katherine Hepburn

Viele Menschen schauen bewundernd auf Sportler, Popstars oder Schauspieler und fragen sich, warum diese es geschafft haben und man selbst ähnliches einfach nicht zustande bringt. Im Folgenden möchte ich Sie deshalb gerne einmal mit einigen Aussagen von Katherine Hepburn, der großen amerikanischen Filmdiva, konfrontieren, aus denen eindrucksvoll hervorgeht, warum diese Frau eine der größten Schauspielerinnen Hollywoods wurde. Wenn Sie bereit sind, die Lebensphilosophie von Katherine Hepburn auch in Ihrem Leben anzuwenden und umzusetzen, dann werden auch Sie in Zukunft mit Sicherheit Erfolg an Erfolg reihen können.

Hier nun die Zitate aus dem übrigens sehr empfehlenswerten Buch von Katherine Hepburn: „Ich – Geschichten meines Lebens" (Heyne Verlag, München):

„Weißt Du, was ich wirklich bin? Ich bin das größte Geschenk, das mir meine Eltern gemacht haben."

„... ich lernte, Verantwortung zu übernehmen und zu sagen: Sprechen Sie mit mir, ich bin schuld!"

„... und voller wildem Selbstvertrauen zu sein, das ausschließlich auf Energie und Ego beruht. Kaum öffnete sich eine Tür, schon ging ich durch. Selbst wenn der Raum, den ich betreten sollte, lichterloh brannte."

„Angetrieben von einem unglaublichen Hochgefühl, las ich offenbar sehr gut. Sie feuerten die Hauptdarstellerin und nahmen mich. Natürlich wußte ich nicht, was ich tat, aber ich tat es mit viel Stil. Ich nahm diese Statusveränderung als Selbstverständlichkeit hin. Ich war die Hauptdarstellerin. Ich war seit etwa vier Wochen am Theater. Es geschah ge-

nau zu dem Zeitpunkt, als ich mir vorstellte, es wird..., es muß... Ich hatte Erfolg.“

„...ich konzentrierte mich stets mit Leib und Seele auf eine bestimmte Sache. Beispielsweise dachte ich tagelang an nichts anderes als an meine Probelesung. Oder an eine Verabredung. Beim Essen, Schlafen, Üben – immer dachte ich an den großen Augenblick.“

„... konnte mir immer nur mich selbst in Hauptrollen vorstellen. Ich fand, meine Arbeitgeber konnten froh sein, mich zu haben. Die Tatsache, daß ich praktisch nichts geleistet hatte, kam mir nie in den Sinn.“

„Sie waren glänzende Geschäftsmänner, aber sie jagten auch ihrem Traum nach. Und sie hatten die Fähigkeit, ihn sich plastisch vorzustellen und ihn schließlich einzufangen.“

„Wir lesen doch selbst jahrelang Märchen, oder nicht? Doch ist dadurch unsere Phantasie schon erschöpft? Wenn man von seinen Eltern, von seinen Brüdern und Schwestern, von seinen Freunden und dem Menschen, den man liebt, nicht jederzeit träumen kann, wenn man sie nur dann wahrnimmt, wenn sie aus Fleisch und Blut tatsächlich vor einem stehen, dann ist man ein armer Wicht. Man muß sich alles in seiner Phantasie vorstellen können. Ich glaube an Wunder. Andererseits glaube ich auch an unsere Verwurzelung im Hier und Jetzt und daran, daß unser Körper ernsthaft krank werden kann. Aber wenn unser Geist nicht ebenfalls krank ist, können wir uns dagegen wehren und die Krankheit überwinden. Genau das haben wir den Tieren voraus.“

„Man muß sich klarmachen, was einem das eine oder andere bedeutet, denn man muß den Kampf aufnehmen oder es lassen. Lieben Sie jemanden? Wenn Sie jemanden lieben und dieser jemand deutlich zeigt, daß er sich von Ihnen trennen möchte und wenn Sie wissen, daß alles zu Ende ist – dann

lassen Sie den anderen gehen. Tun Sie sich einen Gefallen, seien Sie großmütig. Das ist auf Dauer besser, als sich anzuklammern und den anderen ständig daran zu erinnern, daß Ihre Beziehung eine Katastrophe war. Außerdem ist es ehrlich und ein Schritt nach vorne. Der Status quo in einer schlechten Ehe ist kein produktiver Zustand; die neue Beziehung kann allen Beteiligten neue Horizonte eröffnen. Einen Fehlschlag zementieren bringt niemanden weiter.

„… Dann plötzlich wird einem klar, was für eine unglaubliche Chance allein darin liegt, daß man lebt. Die damit verbundenen Möglichkeiten. Wenn man nicht aufgibt, kann man es wirklich schaffen. Also: Nicht aufgeben – Sie können es schaffen. Erst wenn man aufgibt, hat man verloren."

Lebensweisheiten von Vater Hepburn für Tochter Katherine:

1. Nimm das Leben und seine Begleiterscheinungen nicht zu ernst, richte die Winkel jenes Mundes, den ich dir geschenkt habe, nach oben.

2. Versuche, eine Sache gut zu machen; nutze dabei die Erfahrungen aus früherer Zeit und deinen Verstand.

3. Du darfst nie jemanden hassen. Das ist die zerstörerischste Waffe, die du deinen Feinden in die Hand geben kannst."

Zum Abschluß möchte ich Ihnen auch noch eine der vielen klugen Lebensweisheiten von George Bernhard Shaw nahebringen:

„Das ist die wahre Freude im Leben: Für einen Zweck gebraucht zu werden, den man selbst für groß hält; alles gegeben zu haben, ehe man zum alten Eisen gehört. Eine Naturgewalt zu sein, statt ein ständig leidendes Häufchen Elend, das sich darüber beklagt, daß die Welt nicht alles daran setzt, einen glücklich zu machen."

• Die Verantwortung liegt immer bei Ihnen

Setzt auch Ihre Welt nicht gerade alles daran, Sie glücklich zu machen? Wenn dies so ist, so übernehmen Sie am besten ab jetzt selbst die Verantwortung für Ihr Leben. Ich sage es Ihnen nochmals ganz deutlich: Wer wirklich in seinem Leben etwas verändern will und wer bereit ist, täglich etwas dafür zu tun und sich zu diesem Zweck dreißig bis fünfundvierzig Minuten am Tag reserviert, wird innerhalb weniger Monate eine Kehrtwende um minimum 180 Grad machen können. Hören Sie als erstes damit auf, sich selbst zu bemitleiden und greifen Sie ganz bewußt nach den Sternen. Wer dies alles auf Anhieb noch nicht so recht glauben kann und will, der sollte sich gedanklich am besten selbst einmal kräftig in den eigenen Hintern treten und danach voller Zuversicht das eben Gelesene einfach einmal ein paar Monate lang ausprobieren.

Kapitel 6

Eine ernsthafte Wissenschaft
Jux und Dallerei
Ich mußte mich meiner Haut erwehren
Eine kämpferische Frau
Das Ende der grauen Maus
Ich glaubte wieder an mich
Die Schnapszahl
Die Bestandsaufnahme
Medizin, Medien und konstruktives Denken
Die Schulmedizin wird umdenken müssen
Es gibt auch Positives
Heilen ohne Skalpell

• Eine ernsthafte Wissenschaft

Eine Dame, die mein Buch „Ich will, Ich kann, Ich werde" gelesen hatte, berichtete mir in einem Brief das nun folgende Erlebnis:

Seit Monaten schon vermißte sie ihre Geldbörse, in der sich ihr Personalausweis, ihr Führerschein, Kfz-Schein und einige weitere wichtige Utensilien wie beispielsweise auch ihre Kreditkarte befunden hatten. Sie wußte nicht, ob sie das Portemonnaie lediglich verlegt hatte oder ob es vielleicht sogar gestohlen worden war; auch daß sie es selbst verloren hatte, schloß sie nicht aus. In einem meiner Bücher hatte ich empfohlen, man möge sich bei Verlusten jeder Art doch an sein Unterbewußtsein wenden und um Antwort bitten. Da die Geldbörse aber wie gesagt schon seit Monaten fehlte und sie sich zwischenzeitlich lediglich einen neuen Personalausweis hatte ausstellen lassen, beschloß sie, nochmals die ganze Wohnung auf den Kopf zu stellen, bevor sie mit der von mir vorgeschlagenen Bejahung beginnen wollte. Als auch diese erneute Suchaktion kein Ergebnis brachte, sprach sie täglich die nun folgende Affirmation: „Die Allwissenheit meines Unterbewußtseins zeigt mir jetzt den Platz, wo sich meine Geldbörse mit all meinen Papieren befindet." Im Anschluß an diese Affirmation stellte sie sich dann noch vor, wie sie einem guten Freund erzählte, daß sie ihre Geldbörse und die dazugehörigen Papiere wiedergefunden habe und darüber sehr, sehr glücklich sei. Sie ließ sich ganz in diese Szene hineinfallen und versuchte in ihrer Imagination jenes Glück zu erfühlen (zu erriechen und zu erschmecken), das sie durchströmen würde, wenn sich diese Vorstellung tatsächlich in der realen Welt verwirklichen würde. So ging sie etwa vier Wochen lang unbeirrt mehrmals täglich vor.

Eines Tages kam ihre Schwester zu Besuch, und da sie selbst zu diesem Zeitpunkt gerade geschäftlich ziemlich eingespannt war, ging ihr diese im Haushalt auch etwas zur Hand. Eines Tages rief sie ihr durch den Flur ins Arbeitszimmer zu, sie solle doch schnell einmal in die Küche kommen. Als sie eintrat und gerade etwas unwirsch nach dem Grund der plötzlichen Störung fragen wollte, stockte ihr fast der Atem. Ihre Schwester hielt ihr – Sie werden es sicher schon erraten haben – die seit Monaten vermißte Geldbörse entgegen, die sie in einem Karton mit alten Zeitungen und verschiedenen älteren Postwurfsendungen gefunden hatte. Sie schrieb mir: „Ich war im wahrsten Sinne des Wortes überwältigt und erzählte natürlich gleich darauf meinem Bekannten von diesem eben erlebten Wunder."

Auch ich freue mich immer wieder, wenn Menschen mir ihre Erfolge berichten, denn egal, wer auch immer die geistigen Gesetze anwendet: Sie funktionieren – vorausgesetzt, man hält an den Bejahungen und Imaginationen einige Wochen oder, wenn notwenig, auch Monate fest.

• Jux und Dallerei

Während meines Aufenthaltes in Kalifornien im Jahr 1993, wo ich einige amerikanische Schriftsteller des Neuen Bewußtseins treffen wollte, erhielt ich einen Anruf meiner Frau. Sie teilte mir mit, daß eine Showagentur angerufen habe, die mich gerne als Gast für die SAT 1-Talk-Show „Jux und Dallerei" mit Karl Dall verpflichten würde. Da ich besagte Sendung schon des öfteren gesehen hatte und wußte, daß in dieser Show die teilnehmenden Personen von Karl

Dall mehr „vergackeiert" als befragt wurden und daß auch die sogenannte Besprechung meines Buches „Nichts ist unmöglich" mit Sicherheit lediglich eine Veralberung desselben werden würde, teilte ich meiner Frau gleich am Telefon mit, sie solle umgehend in meinem Namen absagen.

Als ich dann wieder einige Tage zu Hause in Deutschland war, rief mich die Organisationsleiterin Frau Shaw nochmals persönlich an und bat mich darum, ich solle mir die ganze Sache doch noch einmal gründlich überlegen. Sie hätte mit Karl Dall gesprochen und man würde das Buch trotz aller Blödelei entsprechend ernst und angemessen besprechen. Also ließ ich mich wieder einmal regelrecht „einlullen", zugegeben nicht zuletzt auch deswegen, weil diese Show zur damaligen Zeit sehr, sehr hohe Einschaltquoten hatte und der Sendetermin samstags um 22.00 Uhr für einen Autoren, der sein Buch gerne unter die Leute bringen will, nicht gerade uninteressant war.

• Ich mußte mich meiner Haut erwehren

Natürlich wurde das Buch – wie ich es schon in Kalifornien während des Anrufes meiner Frau ahnte – nicht besprochen, aber ich wußte mich gegenüber Herrn Dall meiner Haut zu wehren. So trug die Sendung dazu bei, das Buch und seinen Autoren bundesweit noch etwas bekannter zu machen. Ich habe aufgrund dieser Sendung etwa dreitausend zusätzliche Bücher verkauft und sehr viele nette und liebe Briefe von Menschen erhalten, die mir von ihren persönlichen Erfolgen bei der Anwendung von Affirmation und Imagination berichteten.

• Eine kämpferische Frau

Einen dieser vielen Briefe bekam ich von einer Dame aus Norddeutschland, die mir gleich eine ganze Litanei von Erfolgsmeldungen vorlegte.

Ich möchte Ihnen diesen Brief ganz gerne in voller Länge wiedergeben, damit Sie die Begeisterung und die Kraft, die diese Frau ausstrahlt, selbst „erfühlen" können.

„Lieber Herr Kummer, ich habe Sie am Samstag bei Karl Dall gesehen. Montags habe ich Ihr Buch gekauft und es gleich darauf gelesen!

Im Juni diesen Jahres war ich am Ende. Der Psychoterror an meinem Arbeitsplatz machte mir schwer zu schaffen und ließ mich total zusammenbrechen. Immer habe ich auf mir herumtrampeln lassen und konnte mich nicht wehren. Als dann Mitte Juni in unserer Tagespresse zu lesen stand, daß die Kindergartengebühren um bis zu 144 Prozent steigen sollten, hat mir das tägliche Leben plötzlich wieder auf die Beine geholfen. Andere Mütter resignierten und liebäugelten damit, ihre Kinder abzumelden. Ich dagegen habe es geschafft, daß diese Gebühren vorläufig nicht zum Tragen kommen, und ich habe gekämpft wie ein Löwe. Schließlich habe ich vier Kinder, und es war für mich nicht einzusehen, daß ich 440,– DM für nur zwei Kinder bezahlen soll, nur damit sie vormittags in den Kindergarten gehen konnten. Meine innere Energie, mein Wille, meine Vorstellungskraft (nennen Sie es, wie Sie wollen) haben mich zu Taten und zu Aktivitäten getrieben. Ich hätte nie geglaubt, was ich alles erreichen kann. Ich wollte diese Gebührenerhöhung nicht; ich habe es fertiggebracht, daß eine Satzung, die bereits vom Stadtrat beschlossen war, erstmalig in der Geschichte meiner Heimatstadt nicht wie geplant durchgesetzt wurde. Mein Einsatz hat die Politiker zwar zähneknirschend, aber im-

*merhin doch bewegt, die Satzung bis zum 31.12.1993 auf Eis
zu legen, das heißt, wieder außer Kraft zu setzen."*

• Das Ende der grauen Maus

*„Dieser Erfolg, diese Aktivitäten und die gemachten Erfah-
rungen haben von da an mein ganzes Leben verändert.
Früher war ich die graue Maus, halbtags berufstätig, vier
Kinder, Haushalt, Ehemann, versorgt – das wars! Damit ist
es aber jetzt vorbei, und deshalb bin ich auf Ihr Buch ge-
stoßen. Früher wäre es undenkbar für mich gewesen, ein
Buch, das in einer Talkshow vorgestellt wurde, zu kaufen.
Dabei hätte ich das Geld für Ihr Buch zum damaligen Zeitpunkt überhaupt nicht ausgeben dürfen, denn wir waren finanziell sehr, sehr knapp dran.*

*Ich sage Ihnen, Sie werden noch sehr viel von mir und
meinen Erfolgen hören. Schon immer war ich etwas anders,
das wußte ich. Nur jetzt begriff ich auch, daß ich daraus etwas Positives machen konnte. Ich habe schon als Kind an
mich und an meine Möglichkeiten geglaubt.*

*Hier einige Beispiele aus meinem früheren Leben: Ich
wollte immer fünf Kinder. Ich habe vier Kinder, allerdings
begann die letzte Schwangerschaft mit Zwillingen, und eines
der beiden ist dann leider ganz früh gestorben. Ich wollte
auch seit 30 Jahren, daß meine Mutti ein paar friedliche
Jahre verlebt, denn der Mann, mit dem sie verheiratet war,
machte ihr das Leben zur Hölle. Ich habe 30 Jahre lang jeden Tag dafür gebetet; 1969 hat Mutti sich für mich damals
unfaßbar dann von diesem Tyrannen endgültig getrennt!
Des weiteren wollte ich ein Haus; ich habe mir mit 18 Jahren und nur auf Schuldenbasis ein altes, billiges Haus gekauft, ich nahm mir vor, dieses Haus umzubauen – wie, wuß-*

te ich nicht. Aber ich habe umgebaut. Ich wollte auch unbedingt verheiratet sein, bevor das erste Kind kommt. Auch dies hat geklappt. Wir sind sechs Wochen vor dem Fall der Mauer in den Westen gekommen. Mutti hat alles „drüben" gelassen. Noch Anfang 1989 habe ich zu ihr gesagt: ‚Warum überschreibst du deine Grundstücke nicht an diesen Oststaat?' Darauf antwortete sie mir: ‚Es gibt kein tausendjähriges Reich, mein Kind!' Ich habe sie damals wirklich nicht verstanden. Was sollte sich denn in der DDR jemals ändern? Nun, sie hat sich durchgesetzt, und heute kann sie vielleicht ihren Lebensabend mit dem Verkauf dieser Werte bestreiten. Die Grundstücke sind zwar im Moment noch nichts wert, aber ich glaube fest daran, daß dies eines Tages der Fall sein wird."

• Ich glaubte wieder an mich

„Noch einige andere kleine Erfahrungen: Ich ging 1973 in die Disco; auf die Eintrittskarten wurden Preise verlost. Ich sah meine Karte und sagte am Eingang: ‚Die Karte gewinnt den Hauptpreis!' Im Laufe des Abends schenkten mir einige Freunde und Bekannte, die vor der Verlosung um Mitternacht schon nach Hause gingen, weitere dreißig Eintrittskarten. Damit stiegen meine Gewinnchancen natürlich gewaltig, aber den Hauptpreis, eine Woche in dieser Disco freigehalten zu werden, habe ich mit meiner ureigenen Karte gewonnen. 1974 gewann ich in einem Preisausschreiben den Hauptpreis im Wert von zweihundert Mark, und in dieser Richtung gäbe es noch vieles zu berichten, aber das würde den Rahmen dieses Briefes mit Sicherheit sprengen! Ich sage mir immer, wenn ich mich an einem Preisausschreiben

beteilige: Da ist ein Hauptgewinn, warum sollst denn du den nicht gewinnen? Also mache ich ganz einfach mit. Meine Mutter dagegen sagte immer: ‚Ich gewinne sowieso nichts.' Sie hat auch noch nie etwas gewonnen, bei mir aber ist so etwas fast schon normal.

• Die Schnapszahl

Ich hatte auch bereits zwei Kinder, und beide sind vor der veranschlagten Zeit gekommen. Bei meinem dritten Kind war mir der Termin 06.08.1988 genannt worden. Obwohl die Ärzte meinten, auch dieses Kind würde wie die anderen beiden sicherlich früher kommen, und obwohl ich nie solche Beschwerden hatte wie bei diesem Kind, sagte ich zum Arzt bei der ersten Untersuchung. ‚Ich fühle, daß das Kind am 08.08.1988 zur Welt kommt.' Der Arzt hat gelacht und sicher gedacht, die tickt nicht ganz richtig, so jedenfalls habe ich sein Gesicht interpretiert. Ich habe mich in dieses Datum 08.08.1988 richtig hineingesteigert, und ob Sie es glauben oder nicht, es war total verrückt: Meine kleine Tochter wurde am 08.08.1988 um 1.05 Uhr geboren. Ich wollte auch immer Kinder haben, die im Sommer Geburtstag haben, da ich selbst aus meiner eigenen Jugend wußte, wie trostlos es ist, im Winter Geburtstag feiern zu müssen, und so kamen alle vier Kinder nacheinander zur Welt: Am 14.06.84, 24.05.86, 08.08.88 und 30.07.90. Vor vielen Jahren hatte ich unter anderem große Geldprobleme und führte mit meiner Bank intensive Gespräche über mögliche Kosteneinsparungen. Eine Woche später gewann ich in einer Lotterie den Hauptpreis von fünftausend Mark, das machte meine Lage zumindest kurzfristig sehr viel besser. So, und nun fällt mir nichts mehr ein, aber ich glaube, das war schon was, meinen Sie nicht?

*Übrigens, Ihr Buch hat mich überzeugt. Mit freundlichen
Grüßen Ihre Sabine."*

• **Die Bestandsaufnahme**

Soweit also Sabines Brief. Sie hatte umgehend, nachdem sie
das Buch durchgelesen hatte, eine Art Bestandsaufnahme
des Positiven in ihrem Leben gemacht und sich all das, was
ihr beim Lesen an Zusammenhängen klar wurde, notiert.
Wenn auch Sie dies tun, werden Sie bald feststellen, daß Ihr
ganzes bisheriges Leben ein einziges konstruktives Denken
war, egal, ob die Wirkungen positiv oder negativ waren. Eine solche Bestandsaufnahme hat unter anderem nämlich den
großen Vorteil, daß man dabei auch lernt, mit dem nötigen
Abstand in manchem, was man vorschnell mit der Bezeich-
nung „Zufall" titulierte, doch eine einzigartige Gesetzmäßigkeit zu erkennen. All dieses Aha-Effekte erhöhen
dann mit der Zeit natürlich auch die Bereitschaft, das Gelesene selbst einmal bewußt umzusetzen.

• **Medizin, Medien und konstruktives Denken**

Bis vor wenigen Jahren noch wurde jeder, der mit Gedankenkraft, Energiearbeit, Affirmation und Imagination
Krankheiten heilen wollte, rundweg abgelehnt, belächelt
oder verteufelt. Die Menschen wurden von ahnungslosen
Journalisten offen vor solchen Scharlatanen gewarnt. Auf
der anderen Seite trieb die Medizin auch immer mehr ver-
zweifelte Menschen eben zu jenen alternativen Heilmetho-

den, denn die Evolution ist immer stärker als die Dummheit der Menschen. Trotz verblüffendster Ergebnisse, die einwandfrei nachwiesen und belegten, daß beispielsweise Krebspatienten, die nach Meinung der Ärzte schon lange die Graswurzeln von unten ansehen müßten, durch diese Methoden wieder gesund, ja manchmal noch gesünder als je zuvor wurden, schwiegen sowohl die Medizin als auch die Medien in der Regel diese Fälle tot. Oder aber sie versuchten krampfhaft, den Heilpraktiker oder Heiler im nachhinein auf irgendeine Weise zu diffamieren.

Noch 1994 sah ich zum Beispiel eine Talkshow, zu der unter anderem auch eine Ärztin und ein Geistheiler, der mit der bereits beschriebenen Reiki-Energie arbeitete, eingeladen waren. Der Geistheiler beschrieb gegen die heftigsten Angriffe jener Ärztin, wie er Menschen mit kosmischer Energie geheilt hatte. Zum Schluß machte er dann dem Talkmaster den Vorschlag, ihm einmal zur Demonstration die Hände aufzulegen, um ihm dadurch die Kraft von Reiki zu demonstrieren. Da pöbelte jene Medizinerin – anders kann man es leider nicht bezeichnen – ihn mit den Worten an: „Ich glaube, ich bin hier auf dem Jahrmarkt!"

• Die Schulmedizin wird umdenken müssen

Wer mich kennt, der weiß, daß ich immer schon sehr leidenschaftlich dafür plädiert habe, daß Menschen, die ernsthafte Probleme haben, sich nicht als Heiler vor dem Herrn aufspielen sollen, nur weil sie ein oder zwei Bücher über konstruktives Denken gelesen haben, sondern sich schnellstens in ärztliche Obhut begeben sollten. Aber auch die Damen und Herren Ärzte sollten in viel größerer Zahl damit beginnen, ihre Scheuklappen gegenüber geistigen und alternativen Heilmethoden endlich abzulegen.

• **Es gibt auch Positives**

Sehr erfreulich hingegen war die Sendung „Gesundheitsma-
gazin Praxis" des ZDF vom 07.06.1995, in der zum ersten
Mal offen darüber gesprochen wurde, daß der Geist jederzeit in der Lage sei, mittels Vorstellungskraft Krankheiten zu
heilen. Als Beispiel wurde unter anderem auch angeführt,
daß viele Krebspatienten allein durch die Vorstellung, wie
sich ihre weißen Blutkörperchen vermehrten und Krebszel-
len auflösen, ihre Krankheit aufhalten, ja, sie sogar oft zum
Stillstand bringen konnten. Warten Sie noch ein paar Jähr-
chen, dann wird Ihnen die Schulmedizin im Brustton der
Überzeugung verkünden, daß man dies alles längst gewußt
habe …

Ich betone nochmals ausdrücklich, daß ich die moderne
Medizin und die dazugehörigen Mediziner ehrlich und aufrichtig schätze, und auch an meinen Praxisseminaren nehmen oft praktische Ärzte, Zahnärzte und Heilpraktiker teil,
aber ein klein wenig mehr Öffnung hin zu den alternativen
Heilmethoden ist inzwischen ganz, ganz dringend notwendig, einfach weil die Zeit dafür überreif ist. Ich gehe sogar
soweit zu sagen, daß Mediziner, die heute noch nach dem
Sauerbruch'schen Ausspruch praktizieren: „Seele, was ist
das? Ich habe viele hundert Menschen aufgeschnitten, eine
Seele habe ich noch nie gesehen", sich nach und nach auf
Computerfachmann oder Einzelhandelskaufmann umschu-
len lassen sollten, weil sie dem eigentlichen Sinn des Hypo-
krates'schen Eides mit einer solchen Einstellung schon lange nicht mehr dienen.

• Heilen ohne Skalpell

Lassen Sie mich bitte in diesem Zusammenhang nochmals auf die zuvor schon einmal erwähnte Ausgabe der Zeitschrift „Capital" vom Februar 1996 mit dem Layout-Titel „Heilen ohne Skalpell" zurückkommen. Dort heißt es:

„Gleich, ob es um Ayurveda geht, die Ölmassage aus Indien, oder Akupunktur, die an Modellen erlernte Kunst der Chinesen, mit Nadelstichen zu kurieren: Asiatische Heilmethoden haben Hochkonjunktur. Selbst die Schulmedizin beginnt, asiatische Traditionalisten ernst zu nehmen."

Der entscheidende Vorteil fernöstlicher Medizin liegt also auf der Hand: Sie sieht immer den gesamten Menschen und sucht zuerst nach der seelischen Ursache einer Krankheit, während unsere Schulmediziner viel zu schnell zum Skalpell greifen, weil es einfach über ihre Vorstellungskraft hinausgeht, daß körperliche Probleme ausschließlich seelische Alarmsignale sind, die sich eben nur über den Körper beziehungsweise das einzelne Organ Gehör verschaffen können. Solange die Schulmedizin das aber weiter ignoriert, darf sie sich nicht wundern, wenn man sie mit einem Automechaniker vergleicht, der das kleine Birnchen der Ölkontrollampe am Armaturenbrett zerstört, sobald es aufblinkt, und meint, damit das Problem gelöst zu haben, anstatt es als den guten Boten zu betrachten, der auf zuwenig Ölvorrat hinweist. Was meinen Sie, wie viele Menschen schon an einem Herzinfarkt gestorben sind, nur weil über die Jahre hinweg auf die diversen Signale im Körper nicht richtig reagiert wurde und stattdessen immer nur Symptombehandlungen durchgeführt wurden?

Kapitel 7

• Das Leben nach dem Leben

Viele, die sich mit dem Neuen Bewußtsein beschäftigen, stellen sich häufig die Frage: Wie kommt es eigentlich, daß Gedanken so unsagbar große Kräfte sind? Warum und wie materialisieren sich Gedankenbilder eigentlich? Warum bewirken negative Gedanken und Worte automatisch negative Lebensumstände? Warum kann ich nur durch das konstruktive Bejahen und Imaginieren von positiven Bildern negative Umstände verändern? Was spielt sich da ab? Warum ist das so?

Um all diese uns so unverständlichen Vorgänge aber etwas besser verstehen zu können, müssen wir zunächst einmal mehr über das Leben wissen und verstehen lernen. Unsere gegenwärtige dreidimensionale Präsenz auf dieser Erde ist in Wirklichkeit nur ein ganz kleiner Teil unserer gesamten Existenz.

Natürlich haben wir auch vor diesem unserem heutigen Leben bereits viele Male in anderen Körpern diese Erde besucht und auch wieder verlassen. Wir alle haben zig Geburten und zig Tode erlebt – das sind Tatsachen –, und kein ernstzunehmender Metaphysiker wird dies heute noch bestreiten wollen. Erst wenn wir einmal wissen und verstehen, was nach dem physischen Tode mit uns geschieht, wohin wir gehen und welche Umstände uns „drüben" in der nächsten Dimension erwarten, eröffnen sich unserem Geist viele neue Zusammenhänge und Gesetzmäßigkeiten.

Erst wenn wir uns dieses Wissen angeeignet haben, verstehen wir in der Regel, warum Tod und Leben ursächlich zusammenhängen müssen und wie eng das eine mit dem anderen in Wirklichkeit verknüpft ist.

• Mehr über das Leben

Viele große Denker haben sich daran versucht, diese Zusammenhänge deutlich und verständlich zu machen, aber kaum einem ist dies so gut gelungen wie Ernest Holmes (1878–1963), einer der wohl größten Philosophen des 20. Jahrhunderts. Ernest Holmes erhielt weltweit 28 Ehrendoktorate, die große Bedeutung seiner affirmativen Lebenslehre eindrucksvoll bezeugen. Eines seiner Bücher, „Die Vollkommenheitslehre" (Verlag CSA, Bad Homburg), bedeutete für mich selbst den goldenen Schlüssel zum richtigen Verständnis ursächlicher Zusammenhänge von Geist und Körper, vom Leben und dem sogenannten Tod.

• Auf was es mir ankommt

Ich möchte hier versuchen, die Erkenntnisse und Lehren von Ernest Holmes noch etwas mehr zu vereinfachen, als er dies selbst tat. Dabei stütze ich mich unter anderem auch auf meine eigenen Erfahrungen und auf Gespräche mit Menschen, die selbst schon den physischen Tod erlebt hatten und danach wieder ins Leben zurückkamen. Lassen Sie mich zuvor aber auch ganz deutlich sagen: Es geht mir dabei nicht um eine neue Interpretation der Holmes'schen Studien dieses Thema betreffend. Mir liegt lediglich daran, Verständnis für geistige Abläufe zu erwecken, damit auch Sie künftig noch begeisterter, überzeugter und vertrauensvoller mit Ihrer geistigen Arbeit fortfahren können.

• Der Tod und die Angst davor

Zunächst einmal ist der Tod und die Furcht davor nichts anderes als die Angst vor etwas Unbekanntem, dem ungewissen Sprung ins Dunkel. Von Kindesbeinen an wird uns Furcht vor dem Tod eingejagt; später kommt häufig der Schock des Loslassenmüssens, wenn ein Freund, Verwandter oder Bekannter stirbt, noch hinzu. Durch die damit verbundenen Trauerzustände der Hinterbliebenen wird diese Angst immer wieder neu genährt und am Leben erhalten.

Auch die Kirche tut ein übriges dazu, um dieses Angstpotential zu schüren. Auch wenn der Pfarrer am Grab immer wieder auf Christus und das von ihm verkündete ewige Leben hinweist, so lebt die Kirche durch die Jahrhunderte hinweg bis zum heutigen Tag doch meiner Ansicht nach hauptsächlich davon, den Menschen Furcht einzujagen, um sie besser disziplinieren zu können. In meinem Buch „Ab heute besser drauf" habe ich unter anderem geschildert, warum die Lehre von der Wiedergeburt, der sogenannten Reinkarnation, im sechsten Jahrhundert aus der christlichen Bibel gestrichen wurde. Dieser Akt der bewußten Verfälschung der Heiligen Schrift geht auf nichts anderes als den Entschluß einiger Kirchenfürsten zurück, die frei nach dem Motto „Was nicht sein kann, das nicht sein darf" handelten.

Bis zum heutigen Tage noch wird an dieser Verfälschung der ursprünglichen Bibel seitens der Kirche unbeirrt festgehalten. Viele Geistliche, die heute vehement gegen Esoterik und Reinkarnation predigen, wissen nicht einmal etwas von diesen Eingriffen in die Bibeltexte während der vatikanischen Konzile von Nicäa und Konstantinopel in den Jahren 325 und 535 nach Christus.

• Das schwarze Loch

Obwohl kein Mensch, der schon einmal den Tod erlebte und
wieder in dieses Leben zurückkam, noch irgend eine heilige
Schrift auf dieser Welt (ich erinnere daran, daß Jesus Christus ständig und wiederholt vom ewigen Leben sprach) von
einem schwarzen Loch berichten, in das der Sterbende hin-
einfällt, hält sich doch von Generation zu Generation ein an-
tiquiertes Angstdenken. Andererseits berichten Tausende
von Menschen auf der ganzen Welt, die bereits einmal klinisch tot waren, in fast punktuell übereinstimmenden Aussagen und ganz unabhängig voneinander von ewigem Frie-
den, von einem hellen, wunderbaren Licht, vom Ablauf des
gesamten eigenen Lebensfilms innerhalb von Sekunden und
von einem Wohlgefühl, das seinesgleichen sucht.

Wissenschaftsbereiche, die schon seit Jahrzehnten das
Phänomen von einem möglichen Leben nach dem Tode erforschen, haben inzwischen Zigtausende übereinstimmende
Aussagen von Menschen gesammelt, die auch bereit waren,
mit ihrem Wissen an die Öffentlichkeit zu gehen. Trotzdem
bleibt die Mär vom schwarzen Loch hartnäckig in den Köp-
fen der Menschen bestehen, weil eben einfach nicht sein
kann, was nicht sein darf.

• Die Toten nicht festhalten

Im Moment des Todes legen wir aber lediglich unseren physischen Körper ab und überschreiten mit unserem etwa
gleich aussehenden Geistkörper die Schwelle der Materie,
hinein in die nächste Dimension. Alle, die schon einmal an
dieser Schwelle standen, berichten übereinstimmend, daß

sie hoch über ihrem Körper schwebten oder auch neben ihm standen und sich nicht nur so gut fühlten, daß sie sich dagegen wehrten, in den Körper zurückgeholt zu werden, sondern auch gar nicht verstehen konnten, warum die anwesenden Freunde und Verwandten so traurig waren und weinten. Sie hätten ihnen am liebsten zugerufen: „Es geht mir gut, besser als je zuvor, bitte weint doch nicht!"

Letzteres ist auch oft der Grund, warum der Dahingegangene seinen Weg nicht weitergehen kann, wie er dies selbst gerne möchte. Die übertriebene Trauer, die Angstenergie und das Selbstmitleid (etwas anderes ist es nämlich nicht) seitens der Zurückgebliebenen wollen ihn unbedingt festhalten.

• Der Tod ist eine Wiedergeburt

Ebenfalls fast hundertprozentig übereinstimmende Aussagen aller Menschen, die klinisch bereits tot waren und wieder ins Leben zurückgeholt wurden, besagen, daß sie von diesem Zeitpunkt an weder Angst vor dem Leben noch vor dem Tod verspürten.

Es gibt keinen Tod; der Tod ist in Wirklichkeit immer nur eine neue Geburt. Ein bekanntes Sprichwort in diesem Zusammenhang lautet:

„Wenn ein Mensch stirbt, wird er Geist, wenn ein Geist stirbt, wird er Mensch."

Meine Seminarleiterin Monika Junghanns hat beispielsweise während ihrer Ausbildung zur Psychotherapeutin in Trance sowohl ihre Geburt als auch ihren Tod erlebt. Ihre Aussage war für mich höchst interessant: „Meine Geburt war etwas Anstrengendes, fast Beängstigendes, der Tod hingegen ein wunderschönes und befreiendes Erlebnis."

• Die zwei Körper

Hier auf dieser Welt besitzen wir alle, vereinfacht gesagt, zwei Körper (in Wirklichkeit sind es sogar noch mehr): einen grobstofflichen und einen feinstofflichen Körper. Den feinstofflichen Geistkörper haben wir nicht nur hier auf der Erde neben unserem physischen Körper, den wir nach dem Tod ablegen, sondern wir nehmen ihn auch mit uns hinein in die feinstofflichen Dimensionen. Wenn wir uns dann irgendwann entschließen, in die Welt des Grobstofflichen zurückzukehren, so schlüpfen wir wieder in einen zuvor von unserer Seele sorgfältig ausgewählten neuen menschlichen Körper hinein.

Wenn wir beispielsweise des nachts schlafen, ist dies in Wirklichkeit nichts anderes als auch ein kleiner Tod, denn beide Körper trennen sich in diesem Zustand wie bei einer Bewußtlosigkeit, einer Narkose, einem Koma oder nach einem kräftigen Schlag auf den Kopf. Diese Zustände bringen es mit sich, daß der Ätherkörper samt dem Bewußtsein wie beim Tod austritt, nur mit dem Unterschied, daß die sogenannte „Silberschnur" nicht reißt. Sie ist der Kontakt, der die Verbindung zum physischen Körper aufrecht erhält.

• Körperlevitation

In meinen Seminaren machen Monika und ich manchmal am Abend des zweiten Tages eine sogenannte Levitationsmeditation, bei der die Arme (was am häufigsten vorkommt), ohne daß der Teilnehmer etwas dazutut, wie von selbst nach oben gehen. Bei manchen Menschen macht sich auch der ganze Körper selbständig; sie bewegen sich im

Raum umher, ohne dies selbst bewußt zu steuern. Diese Levitationsübungen gehören zu den absoluten Höhepunkten unserer Seminare, zeigen sie doch den Teilnehmern überdeutlich, wie mächtig der Geist in Wirklichkeit ist. Manche sehen sich auch selbst während dieser Levitation außerhalb ihres Körpers; dies sind aber in Wirklichkeit keine echten Austritte, sondern reine Phantasiereisen. Dennoch ist der Eindruck bei den Teilnehmern bleibend, denn wer eine solche Levitation erlebt hat, vergißt dieses Gefühl nie wieder.

• Ein Jenseits gibt es nicht

Ein Jenseits, wie manche sich dies vorstellen, beispielsweise als Engel mit Harfe auf einer Wolke sitzend wie der selige Münchner Gepäckträger Aloisius, gibt es natürlich nicht. Das wirkliche „Jenseits" findet ganz bestimmt nicht in irgendwelchen entfernten Sphären unseres Universums statt, sondern hier in unserer unmittelbaren Nähe, allerdings auf einer anderen Wellenlänge, einer anderen Frequenz sozusagen.

Stellen Sie sich das so vor: Wenn Sie im Radio beispielsweise ein Konzert suchen, dann müssen Sie zuerst die richtige Frequenz, also den richtigen Sender einstellen, bevor Sie sich das Konzert anhören können. Sie müssen also Sender und Empfänger gleichschalten, wenn Sie nur einige wenige Millimeter weiterdrehen, so haben Sie bereits ein anderes Programm eingestellt. Es gibt kein Jenseits, alles spielt sich hier ab, auch die Dahingegangenen sind unter uns, allerdings auf einer total anderen Wellenlänge. Manche Menschen in Tibet und im Himalaya haben ihren Körper geistig über Jahrhunderte hinweg so erhöht, daß sie ihn auf der Stelle dematerialisieren beziehungsweise auch wieder rematerialisieren können. Auf diese Weise können sie, ohne zu altern, zwischen physischer Welt und Geisteswelt hin- und herwechseln. Zu ihnen gehört übrigens auch Jesus Christus, und bevor Sie nun Sturm gegen mich laufen wollen, empfehle ich Ihnen, die Bibel einmal sehr genau zu lesen und darauf zu achten, wie oft Jesus von eben diesem ewigen Leben spricht.

Wir alle feiern beispielsweise auch das Osterfest, und in den damit zusammenhängenden Publikationen und Verlautbarungen wird Jahr für Jahr immer wieder von der Auferstehung am dritten Tag berichtet. Es wäre doch sehr sinnvoll, daß wir – wenn wir uns schon Christen nennen – wirklich einmal intensiv darüber nachdenken, was wir unter dieser „Auferstehung" eigentlich zu verstehen glauben.

Wenn Sie mehr über diesen Themenbereich erfahren möchten, lesen Sie einmal die fünf Bände „Leben und Lehren der Meister im Fernen Osten" (Drei Eichen Verlag, Hammelburg). Aber seien Sie dabei auf einige Überraschungen gefaßt.

• Die Toten sind unter uns

Wir haben also festgestellt, daß die Toten immer bei uns, sozusagen unter uns sind. Sobald ein Toter nämlich „den Übergang vollzogen" hat, ist er zunächst sehr überrascht, daß sich entgegen aller Erwartung nicht plötzlich ein großes schwarzes Loch vor ihm auftut, und ganz besonders darüber, daß er plötzlich voll jugendlichem Elan ist und sich sehr wohl fühlt, egal wie alt, krank oder gebrechlich er noch kurz zuvor in seinem zwischenzeitlich abgelegten physischen Körper war. Auch über diese Erfahrung berichten all jene übereinstimmend, die bereits schon einmal klinisch tot waren.

Kapitel 8

Wir legen unsere Begrenzungen ab
Wir nehmen den richtigen Platz ein
Der liebe Gott wartet nicht auf einem Thron
Man kommuniziert in Gedanken
Wir erschaffen alles selbst
Wen treffen wir in der anderen Dimension?
Ständige Weiterentwicklung
Starke seelische Bindungen
Keine Bewertung
Gibt es „drüben" auch Probleme?
Die Verwirrung ist oft sehr groß
Humor hält vor
Trotzdem darf man trauern
Finanzielle Vorkehrungen treffen
Ist Ihnen einiges klar geworden?

• Wir legen unsere Begrenzungen ab

Wir legen also bei unserem Tod mit unserem physischen Körper auch alle mit diesem einhergehenden Begrenzungen ab; deshalb fühlen wir uns auch plötzlich so frei, frisch und grenzenlos glücklich. Die nächste Dimension ist im Gegensatz zum heutigen Leben auch nicht drei-, sondern vierdimensional. Wir werden dort also auch neue Klänge, neue Farben erkennen, hören und sehen, die bei weitem schöner und harmonischer sind als hier auf dieser „Frequenz". Kurz, es gibt viele, viele neue phantastische Erlebnisse und Erfahrungen.

• Wir nehmen den richtigen Platz ein

Wir nehmen auch alle in der nächsten Dimension den Platz ein, der unserem jeweiligen Geisteszustand, den wir vor dem Übergang hatten, angemessen ist. In der nächsten Dimension können wir uns nämlich nicht weiterentwickeln; wir „parken" sozusagen in einer völlig entwicklungsneutralen Zwischenstation. Um uns weiterzuentwickeln und neue Erfahrungen zu sammeln, müssen wir wieder in einen Körper hinein und als Mensch aus Fleisch und Blut auf diese Erde zurückkehren. Dies ist auch der Grund, daß Menschen, die beispielsweise glauben, sich durch Selbstmord der Verantwortung entziehen zu können, im neuen Körper so lange mit dem gleichen Problem konfrontiert werden, bis sie einen

Weg finden, es konstruktiv zu lösen. Selbstmord heißt also, sich dem, vor dem man flieht, immer in einem neuen Leben nochmals stellen zu müssen. Deshalb ist eine solche Reaktion auch niemals eine gute Lösung.

• Der liebe Gott wartet nicht auf einem Thron

Feinstofflich sind Sie also auch in der nächsten Dimension genau die Person, die Sie bereits grobstofflich einmal waren. Sie begegnen weder dem lieben Gott noch dem heiligen Petrus drüben persönlich, ebensowenig wie dies hier der Fall ist, um bei dieser Gelegenheit auch einmal mit diesem alten Ammenmärchen endgültig aufzuräumen.

• Man kommuniziert in Gedanken

Und nun kommen wir zum ersten wichtigen Punkt, der Ihnen verständlich machen kann, warum wir beispielsweise in diesem Leben immer nur das erfahren können, was wir tief in unserem Inneren denken und wovon wir überzeugt sind. In der nächsten Dimension, wo Sie ja keine physischen Stimmbänder, keine Zunge und keinen Mund mehr haben, kommuniziert man durch das Aussenden von Gedanken, und deshalb kann man auch andere nicht mehr täuschen. Weder Heuchelei noch irgendwelche Lügengebäude sind mehr möglich.

In der nächsten Dimension erschrecken deshalb auch fast alle, die dort neu angekommen sind, darüber, daß ein gedachter Gedanke sich sofort manifestiert.

Nehmen wir beispielsweise an, Sie wünschen sich ein Auto. Kaum haben Sie Ihren Gedanken richtig zu Ende gedacht und ihm durch Ihr inneres Bild Form und Farbe gegeben, steht dieses Auto auch schon vor Ihnen. Nun besteigen Sie es und stellen nach etwa fünfhundert Kilometern fest, daß Ihr Benzin langsam zur Neige geht. In diesem Fall bräuchten Sie sich geistig nur einen gefüllten Tank vorzustellen, und schon geht die Benzinanzeige Ihres Wagens wieder nach oben.

In der Innenstadt angekommen, brauchen Sie nun auch keinen Parkplatz mehr zu suchen; es würde genügen, wenn Sie aussteigen und sich die Straße und die Stelle, auf der Sie den Wagen verlassen haben, ohne Auto vorstellen. Sofort ist genau dies der Fall, denn das Auto hat sich wieder dematerialisiert.

Wenn Sie in ein Warenhaus gehen, um sich beispielsweise eine Hose zu kaufen, würde die Verkäuferin schon mit der richtigen Größe, Farbe und Qualität in der Hand auf Sie warten, weil sie Ihr Gedankenbild schon lange, bevor Sie das Kaufhaus betraten, empfangen hat.

Und so weiter und so fort. Im feinstofflichen Bereich manifestiert sich also jeder Gedanke sofort, und wenn wir alle nicht so falsche Vorstellungs- und Erziehungskonzepte von uns selbst hätten, so würde derselbe Vorgang auch hier im grobstofflichen Leben wunderbar funktionieren. Ist der Groschen gefallen? Erkennen Sie, warum Vorstellung und Bejahung – ständig wiederholt – sich mit der Zeit materialisieren? Warum die Angst vor Unfällen eben solche Unfälle hervorbringt und warum es immer nur einen gesetzmäßigen Ablauf von Ursache und Wirkung und niemals den von uns erfundenen Zufall geben kann? Die Ordnung in der Natur ist tatsächlich phänomenal, denn wenn es wirklich Zufälle gäbe, so würde dieser Planet augenblicklich in sich zusammenfallen, weil göttliche Ordnung und Zufall sich gegenseitig zwangsläufig ausschließen müssen.

• Wir erschaffen alles selbst

Wir erschaffen hier wie im sogenannten Jenseits mit jedem Gedanken – denn der ist ja letztendlich auch Teil unseres feinstofflichen Körpers, den wir ewig haben – Ergebnisse, egal ob diese positiv oder negativ für uns sind. Wir sind aber gerade deshalb hier auf dieser Welt, um dies alles besser verstehen zu lernen – und nicht, um Millionen zu horten, andere Menschen zu unterjochen und uns als die Größten zu fühlen.

In der feinstofflichen Welt zählt einzig und allein der geistige Reichtum, das Wissen um die gesetzmäßigen Abläufe und das Vermögen, mit geistigen Bildern und Gedanken richtig umgehen zu können. Ausschließlich das, was wir wissen und was wir mit unseren Gedanken, Gefühlen und unserem Geist bewegen können, bringt uns letztendlich weiter. Immer und ewig wird unser feinstofflicher Körper Regie führen, ob hier oder in der nächsten Dimension. Allein die Tatsache, daß Sie dieses Buch in der Hand halten, belegt, daß Sie inzwischen geistig reif sind für diese Zusammenhänge und Ihre Lektionen der Vergangenheit sehr viel besser gelernt haben als so mancher Professor oder Doktor, der glaubt, den Menschen und seine Funktionsweise richtig zu verstehen.

• Wen treffen wir in der anderen Dimension?

Wenn ein Mensch seinen Übergang vollzogen hat, trifft er auf der anderen Seite meist all diejenigen wieder, mit denen er in diesem Leben gefühlsmäßig sehr stark verbunden war. Allerdings finden sich keine Familien zusammen. Es treten also nicht Vater und Mutter oder Bruder und Schwester als solche auf, sondern als befreundete, sich liebende Seelen, die sich in vielen Leben wiedertreffen beziehungsweise schon getroffen haben.

Wir alle suchen uns vor einer neuen Inkarnation als geschlechtsneutrale Geisteswesen unsere Eltern und unsere Lebensumstände, die wir brauchen, um uns weiterzuentwickeln, ganz bewußt aus, allerdings nach anderen Kriterien und Maßstäben, wie wir dies hier tun würden.

• Ständige Weiterentwicklung

Wenn sich die Seele nämlich nach dem Übertritt in die eigentliche Heimat karmisch von ihrer letzten Verkörperung sozusagen erholt hat, strebt sie wieder nach neuen Entwicklungsmöglichkeiten. Beispielsweise kann eine Seele, die vielleicht den Körper eines schwerreichen Ölmagnaten verlassen hat, sich nun ein Leben auf der anderen Seite des Spektrums aussuchen, vielleicht als Kind mittelloser Bauern. In dem Moment, wo wir uns für eine solche Erfahrung entscheiden, lassen wir uns selbstverständlich von ganz anderen Interessen als hier auf dieser Erde leiten. Vielleicht kommen Sie auch als Kind Ihres früheren Bruders zur Welt und werden später dann Chauffeur eines tyrannischen Großgrundbesitzers, der in einem früheren Leben vierzig Jahre lang Ihr Buchhalter war und den Sie täglich „getriezt" haben.

Übrigens fällt mir dazu gerade der folgende nette Witz ein: „Jetzt reichts mir, ich werde den Chauffeur entlassen!", tobt der Direktor. „Er hat mich nun schon zum dritten Mal in Lebensgefahr gebracht." „Aber Hubert", versucht seine Frau ihn zu beruhigen, „gib ihm doch noch eine einzige Chance!"

• **Starke seelische Bindungen**

Wir spielen also unsere verschiedenen Rollen gegenüber einer Reihe von anderen Seelen, von denen wir uns aber auch wieder lösen können, wenn die notwendigen Erfahrungen mit ihnen gemacht sind und die Zeit dafür reif ist. Trotzdem können auch die Ehen, wenn sehr starke Bindungen bestehen, in der nächsten Dimension weitergeführt werden, müssen dies aber nicht. Diese Bindungen können sich durch den Eintritt des physischen Todes auch endgültig und für alle Zeiten auflösen. Ich selbst weiß beispielsweise, daß ich als Seele schon lange vor Atlantis existierte und mit meiner heutigen Frau schon viele, viele Leben als Ehemann und Ehefrau verbrachte und daß wir uns entweder noch in dieser, oder in einer der nächsten Inkarnationen endgültig aus dieser Struktur lösen, das heißt, uns trennen werden.

Trennen also nicht nur im herkömmlichen Sinne auf dieser Welt, sondern auch als Seelen werden wir uns anderen Erfahrungen zuwenden. Allein aus diesem Grund schon ist unser ganzes Eheschließungsritual mit dem Schwur ewiger Treue und der geradezu menschenfeindlichen Einstellung der Kirche einer möglichen Trennung gegenüber absoluter Nonsens, weil zwei Menschen niemals wissen können, wie lange sie ihren Weg gemeinsam gehen können.

• **Keine Bewertung**

Dies soll jetzt weder ein Plädoyer für noch gegen die Ehe sein. Ich bin auch nach wie vor der Meinung, daß man alles versuchen sollte, um eine Ehe aufrecht zu erhalten, denn oft finden die beiden Partner gerade durch das Daranfesthalten

– vorausgesetzt, die ethischen Grundsätze bleiben dabei gewahrt – zum wahren Glück. Auch kann durch ein Kind eine neue Atmosphäre in der Hausgemeinschaft entstehen, die Liebe und das gegenseitige Verständnis für den anderen neu entfacht werden, weil alle drei Partner zuvor schon viele gemeinsame Erfahrungen gemacht haben. Manchmal ist es aber sehr gut, wenn uns dies nicht bewußt ist, denn wie sagt Monika Junghanns sehr richtig: „Das Leben leben kann man nur vorwärts, das Leben verstehen nur rückwärts". Dies gilt auch – oder gerade – für das Leben nach dem Tode!

• Gibt es „drüben" auch Probleme?

Am schwersten finden sich oft materiell eingestellte Menschen auf der anderen Seite des Lebens zurecht, denn das, was ihnen hier Macht verlieh und sie vor vielen Negativerfahrungen bewahrte (nämlich das Geld und der materielle Reichtum), ist nun nicht mehr vorhanden. Auch wer manipuliert, unterdrückt, betrogen oder gelogen hat, wird schockiert sein, wenn er auf der anderen Seite ankommt. Ebenso schwer haben es viele triebhafte Menschen, wie Drogensüchtige, Trinker oder Sexsüchtige, weil ihre Süchte im Laufe der Jahrzehnte Teil ihres Wesens wurden. Nun aber gibt es plötzlich keinen Körper mehr, um diese Gelüste auszuleben und zu befriedigen. Deshalb ist der Tod für viele auch eine Art Entziehungskur, und diese Qualen werden solange andauern, bis sie durch natürliche Aushungerung überwunden sind.

Auch hier finden wir wieder einige sehr wichtige Parallelen zu den Gesetzen des konstruktiven Denkens, denn auch „drüben" können wir nur das ernten, was wir zuvor einmal gesät haben.

● **Die Verwirrung ist oft sehr groß**

Wenn ein Mensch plötzlich und unerwartet, wie beispielsweise durch einen Mord oder einen Unfall stirbt, ist er
zunächst äußerst verwirrt, wenn er die Schwelle überschrit-
ten hat. Viele wohnen ihrer eigenen Beerdigung noch bei,
bevor sie weitergehen. Sehr gut kommt dies, wie ich finde,
in dem Film „Ghost – Nachricht von Sam" mit Patrick
Swayze und Demi Moore zum Ausdruck. Der Regisseur
Johnny Zucker ließ sich übrigens bei der Entstehung dieses
Films von mehreren Sterbeforschern und Esoterikern der
amerikanischen Szene, unter anderem auch von der Schauspielerin Shirley McLaine beraten. Die Geschichte selbst ist
zugegeben etwas überspitzt, aber gerade die Szenen, in denen die Sterbenden ihren Körper verlassen und nicht so
recht wissen, was eigentlich passiert ist, entsprechen absolut
der Realität.

Zahlreiche sensible Menschen sehen oft Sekunden vor
ihrem eigentlichen Übergang schon diese feinstoffliche Welt
und ihre Lieben, die gekommen sind, um sie abzuholen. Lil-
li Palmer, die große deutsche Schauspielerin, soll Sekunden
vor ihrem Tod plötzlich gelächelt und gesagt haben: „Ach
darum!" Dann schloß sie friedlich und entspannt für immer
die Augen.

● **Humor hält vor**

Ein humorvoller Mensch beispielsweise wird auch im jenseitigen Bereich humorvoll, ein ängstlicher Mensch ängstlich und ein lustiger Mensch lustig bleiben. Der Tod bewirkt
keine große Veränderung, deshalb sollte man auch übertrie-

bene Trauer vermeiden, weil der Verstorbene sehr darunter leidet. Er würde den Hinterbliebenen gerne sagen, daß es ihm gut geht, er will ihnen helfen und sie trösten, aber er kann dies nicht mehr tun, weil er bereits auf einer anderen Frequenz „sendet". Er selbst ist noch da, nur eben nicht mehr in seiner körperlichen Hülle. Tot ist nur der physische Körper, aber die seelischen Eigenschaften im Menschen – seine Liebe, sein Charakter, seine Ausstrahlung, kurz, genau das, was wir an ihm am meisten lieben – lebt weiter und wartet darauf, daß wir ebenfalls diesen Schritt einmal vollziehen, um dann wiedervereint zu sein. So gesehen ist es wirklich nur eine Frage der Zeit, wie lange wir ohne unseren Partner sein müssen.

• Trotzdem darf man trauern

Natürlich können wir nicht lächelnd danebenstehen, wenn uns ein geliebter Partner, Verwandter oder Freund verläßt. Es ist ja auch für die Psyche wichtig, diesen Schock und den damit verbundenen Schmerz durch Tränen und Trauer aufzulösen. Doch nach ein paar Monaten sollte man wirklich wieder ernsthaft versuchen, ins normale Leben zurückzufinden und sich nicht jahrelang selbst bemitleiden, denn das macht denjenigen, der gegangen ist, sehr, sehr traurig. Nochmals zur Verdeutlichung: Natürlich muß der Schock nach dem Tod eines nahestehenden Menschen verarbeitet und überwunden werden, aber wenn man dann loslassen kann, darf man sich damit trösten, daß man irgendwann wieder mit dem geliebten Menschen vereint sein wird.

Eben weil im jenseitigen Bereich des Lebens keine Eifersucht in bezug auf die körperliche Liebe mehr herrscht, ist es auch völlig legitim, sich mit der Zeit einem anderen

Partner zuzuwenden. Menschen, die die Liebe miteinander verbindet, begleiten sich in der Regel schon durch mehrere Leben. Beispielsweise könnte der zweite Ehemann einer Witwe in einem vorhergegangenen Leben durchaus die Ehefrau des ersten, bereits verstorbenen Gatten gewesen sein. Wer weiß!?

• Finanzielle Vorkehrungen treffen

Es beruhigt uns auch sehr, wenn wir dafür sorgen, daß unsere Angehörigen im Todesfall finanziell versorgt sind, beispielsweise durch ein Testament oder durch eine Lebensversicherung. Alle finanziellen Angelegenheiten richtig geregelt zu haben heißt, daß wir emotional ruhiger sind – sowohl hier als auch später im anderen Bereich – und völlig ohne Selbstvorwürfe unseren Weg weitergehen können, wenn wir eines Tages unseren Körper verlassen. Vermeiden sollte man es unbedingt, jahrelang Trauerkleidung zu tragen (Schwarz ist Negativenergie und drückt zusätzlich noch nieder). Ebenso sollte man keine Kleidungsstücke oder andere Gegenstände des Verstorbenen aufbewahren, denn er selbst ist auf seiner ewigen Reise und hat sich von diesem Leben verabschiedet. Man darf ihn nicht aus falsch verstandener Liebe festhalten wollen, denn er hat uns ja durch seinen physischen Tod verkündet: „Ich gehe jetzt weiter, laßt mich bitte los. Bis bald!"

Da aber auch die physische Hülle, also der Körper eines Verstorbenen, durch den Tod wertlos geworden ist und seine Funktion verloren hat, sollte er so schnell wie möglich „entsorgt" werden, möglichst ohne die Umwelt für die Lebenden noch zusätzlich zu belasten. Dies sollte zwar mit Achtung, aber schnellstens – am besten durch eine Verbrennung – geschehen. Das Begraben von Leichen belastet aufgrund der Verwesungsgifte nämlich unser Grundwasser. Und wir schaden so auch den Lebenden, wenn wir immer größere Friedhofsanlagen in unsere Städte integrieren. Auch gibt es auf Friedhöfen nichts zu besuchen, denn dort ist ja niemand. Pasteur drückte dies einmal so aus: „Ich weiß nicht, warum man Mauern um Friedhöfe herum baut. Es ist doch niemand da, der raus will!"

Stellen Sie, wenn Sie wollen, zu Hause ein Bild des Verstorbenen auf und beten Sie für ihn, sagen Sie sich und ihm, daß Sie ihn loslassen und sich heute schon auf ein Wiedersehen freuen. Kurz: Machen Sie es Ihrem geliebten Partner so leicht wie nur möglich, seinen neuen Weg zu gehen.

Wir halten also fest:

1. In der nächsten Dimension ist unser eigentliches Zuhause; auf dieser Erde geben wir in verschiedenen Körpern lediglich Gastspiele.

2. Unser feinstofflicher Körper ist unser ewiger Körper, deshalb sind die feinstofflichen Lebensregeln auch für alle Lebensbereiche die gleichen.

3. Gedanken manifestieren sich, hier wie drüben.

4. Verständnis und Liebe fördern, Haß und Ressentiments zerstören.

5. Sich Veränderungen zu öffnen heißt, sich der Evolution zu öffnen.

6. Unser Leben wie auch das der Natur verläuft in göttlicher Ordnung. Zufälle gibt es nicht, alles ist Ursache und Wirkung.

• Ist Ihnen einiges klar geworden?

Jetzt verstehen Sie sicher ein wenig mehr, daß das konstruktive Denken notwendiges Sich-dem-Leben-Öffnen ist, wenn
man sich weiterentwickeln und von alten Glaubensmustern
und Verletzungen wirklich lösen will. Ich bin mir aber auch
sicher, daß Sie nach den nächsten Kapiteln, in denen es noch
einen Schritt weiter, nämlich um den Ablauf der Wiedergeburt, also die Reinkarnation geht, noch ein wenig mehr über
die Bedeutung des positiv-konstruktiven Denkens in beiden
Dimensionen des Lebens wissen werden.

Kapitel 9

Die Wiedergeburt
In welchen Abständen kommt man wieder?
Karma
Warum ist Reinkarnation überhaupt notwendig?
Wann findet die Inkarnation statt?
Neue Jugend, neuer Wissensdurst
Der Storch irrt nicht
Reich oder arm
Geld
Verantwortung übernehmen
Wach und bewußt werden
Die Erde, die uns trägt
Talente ausleben
Die Regeln sind immer dieselben

• Die Wiedergeburt

Die Wiedergeburt, die sogenannte Reinkarnation, hat – wie schon mehrfach erwähnt – den Sinn, das Leben aus allen Positionen heraus zu betrachten, denn man ist zu Zeiten Mann oder Frau, arm oder reich, krank oder gesund, erfolgreich oder erfolglos und so weiter. Egal, welche Fehler wir aber in früheren Leben begangen haben – in jedem neuen Leben haben wir die Möglichkeit, sie wieder auszugleichen. Nur in einem physischen Körper kann sich der Mensch als Seelenwesen weiterentwickeln. Ziel ist es einmal, so bewußt und reinen Geistes zu sein, daß wir nicht mehr wiedergeboren werden müssen und unsere Aufgaben nur noch in der nächsten, der feinstofflichen Dimension – unserer eigentlichen Heimat – wahrnehmen zu können.

In fernöstlichen Religionen ist genau deshalb auch die Lehre von der Reinkarnation das erste und wichtigste kosmische Gesetz, sozusagen die Grundlage allen Wissens.

Nun werden Sie sicherlich fragen, warum wir in der Regel von und über unsere früheren Inkarnationen nichts mehr wissen, wenn dies tatsächlich alles so ist. Ganz einfach: Wir haben alle deshalb schon keine Erinnerungen mehr an frühere Leben, weil wir uns sonst an alte Verletzungen aus Vorleben klammern und dadurch wieder neu begrenzen würden. Beispielsweise könnten Sie Ihrem jetzigen Vater keine Liebe entgegenbringen, wenn Sie wüßten, daß er Sie einige Leben zuvor als Ihr damaliger Ehemann aus Eifersucht im Schlaf erstochen hat. Wir könnten uns also, wenn wir uns erinnern würden, niemals unvoreingenommen entwickeln und anderen Menschen auch nicht ohne Vorurteile begegnen, weil immer frühere Verletzungen im Raum stehen würden.

• In welchen Abständen kommt man wieder?

Bis heute, zu Beginn des Wassermannzeitalters, liegen meines Wissens nach zwischen den verschiedenen Inkarnationen etwa fünfhundert Jahre, weil in dieser Zeit sich alles um uns herum mehrfach erneuert hat und kaum etwas an die alte Zeit erinnert. Man kommt ja auch in den verschiedensten Ländern dieser Welt auf die Erde; aus diesem Grund spricht ein Mensch unter Hypnose manchmal Sprachen, die er noch nie zuvor gehört hat, eben weil im Unterbewußtsein (Teil des feinstofflichen Körpers) all diese Erfahrungen und fremden Sprachen gespeichert sind.

Inzwischen haben wir, wie bereits erwähnt, das Wassermannzeitalter erreicht. Das bedeutet, daß schon sehr viele Seelen einen Entwicklungsstand erreicht haben, der sie in die Lage versetzt, schon nach weniger als fünfhundert Jahren (manchmal auch schon nach zehn oder zwanzig Jahren) wieder in einem Körper zu inkarnieren. Dann können tatsächlich Erinnerungen stattfinden, weil die jeweilige Seele inzwischen so weit ist, daß sie damit umgehen kann. Ein solches Beispiel ist die schwedische Schriftstellerin Barbo Calen.

Barbo Calen wurde 1953 geboren, bereits als zweijähriges Mädchen antwortete sie ihrer Mutter, wenn diese sie mit ihrem Vornamen rief: „Ich heiße nicht Barbo, ich heiße Anne!" Die Mutter, die dies zunächst sehr lustig fand, fragte: „Und wie heißt Du noch?" – „Ich heiße Anne Frank!", antwortete Barbo.

Einige Jahre später, nachdem Barbo von verschiedenen Sachverständigen interviewt worden war, machte man mit ihr einen Test und führte sie nach Amsterdam, wo Anne Frank 1943 und 1944 lebte. Barbo führte die verblüfften Begleiter zielsicher durch die Stadt, in die richtige Straße, in die richtige Wohnung und in das richtige Zimmer, in dem sie damals als Anne Frank lebte und sich versteckt hielt.

Die Schriftstellerin Barbo Calen antwortet übrigens, wenn man sie wegen weiterer Beweise dafür, daß sie schon einmal gelebt hat, anspricht: „Ich brauche nichts zu beweisen. Wer mir glaubt, der kann dies tun; und wer die Wiedergeburt ablehnt, der soll einfach dabei bleiben." Dieser Aussage ist auch von meiner Seite aus nichts mehr hinzuzufügen.

• Karma

Alles, was wir erleben, erfolgt somit auch aus dem Lebensmotiv früherer Inkarnationen, und das nennt man „Karma". Genau dieses Karma aber ist nichts anderes als Ursache und Wirkung. Viele Menschen benutzen das Wort Karma gerne als Ausrede für ihre heutigen Probleme – dabei ist es so einfach, Karma wieder aufzulösen. Ich brauche doch heute nur eine neue geistige Ursache zu setzen, beispielsweise indem ich konstruktives Denken praktiziere, und schon habe ich dafür gesorgt, daß mein altes Karma keine neue Nahrung mehr bekommt und durch eine neue positive Wirkung ersetzt wird. Karma heißt übersetzt nichts anderes als: Ich lerne aus früheren Erfahrungen.

• Warum ist Reinkarnation überhaupt notwendig?

Reinkarnation ist deshalb notwendig und unumgänglich, weil all unsere niedrigen Eigenschaften wie zum Beispiel Egoismus, Haß, Neid und Unehrlichkeit, nur im Körper abgelegt werden können. Nur hier im Körper können wir

Selbstdisziplin erlernen. Aus diesem Grund ist es auch wichtig, sich zu vergegenwärtigen, daß die Seele völlig geschlechtslos ist und deshalb sowohl als Mann als auch als Frau ihre einschlägigen Erfahrungen in verschiedenen Körpern macht. Wer andere schädigt, betrügt oder hinters Licht führt, wird all dies nach dem Gesetz von Ursache und Wirkung in einer späteren Inkarnation am eigenen Leib erleben – einfach, damit er daraus lernen und die richtigen Konsequenzen daraus ziehen kann.

• Wann findet die Inkarnation statt?

Eine Seele inkarniert in dem Moment in einen neuen Körper, in dem der männliche Same im Mutterleib mit dem weiblichen Ei verschmilzt. In diesem Augenblick tritt die Seele ein, um sich diesen neuen, von ihr zuvor zielsicher ausgewählten Körper und die damit zusammenhängenden späteren Lebensumstände selbst zu erbauen; aber mit dem Eintritt in die polare Welt, das heißt mit dem ersten Atemzug des neuen Menschen, erlöschen auch sogleich – außer bei weit fortgeschrittenen Seelen, die inzwischen gelernt haben, gut damit umzugehen – fast sämtliche Erinnerungen an vorherige Inkarnationen.

Sogenannte Wunderkinder sind übrigens nichts anderes als sehr hoch entwickelte Wesen aus eben solchen früheren Inkarnationen. Der Fortschritt für eine wieder inkarnierte Seele besteht darin, sich den Schwierigkeiten des Lebens zu stellen und nicht vor ihnen wegzulaufen, auch wenn es – wie schon erwähnt – mehrerer Anläufe bedarf. Ganz besonders schwierig ist dies – wie ebenfalls bereits erwähnt – für Menschen, die sich im Leben zuvor einer solchen Herausforderung beispielsweise durch Selbstmord entzogen haben.

In ihrem leider inzwischen vergriffenen und nicht mehr neu aufgelegten Buch „Überleben – der Weg ins wahre Sein" schreibt Vera Wegmann dazu:

„Der Mensch ist vor der Geburt ein Geisteswesen, ebenso wie nach dem Tod des physischen Körpers. Die körperlose Wesenheit wählt sich ihre Eltern und das Milieu nach den karmischen Gegebenheiten sowie nach den Aufgaben, die sie während eines Erdenlebens zu erfüllen hat. Sehr viele Zusammenhänge und Kräfte, gute und weniger vorteilhafte, sind am Werk, bis es zur Entstehung eines bestimmten Kindes kommt. Für den Fall, daß eine Schwangerschaft – aus welchem Grund auch immer – nicht bis zur Geburt fortdauern kann, ist schon vorgesorgt durch Verbindungen aus der geistigen Welt zu anderen möglichen Eltern. Durch Zeugen und Hegen des Nachwuchses tragen sie die Bauelemente zusammen zur Lebensfähigkeit eines physischen Körpers. Nicht mehr und nicht weniger. Dafür sind sie in diesem Sinne vorerst verantwortlich. Den Aufbau selbst leiten und bestimmen die inneren Kräfte und Eigenheiten des aufwachsenden Menschen. Der Geist ist der Gestalter des Stoffes. Ein vergleichendes Bild kann den Zustand des Menschen auf der Erde veranschaulichen: Ein Taucher braucht einen geeigneten Anzug und Sauerstoffzufuhr, um unter Wasser, also einer ihm nicht zuträglichen Umwelt, zu überleben und zu wirken. Ebenso braucht der Mensch als Geisteswesen eine irdische Hülle, die mit der entsprechenden Geisteswelt verbunden ist, um Aufgaben in der dichten Erdatmosphäre zu erfüllen. Durch Ablegen der Hülle ändert sich die persönliche Wesenheit der Charaktere nicht. Der Träger bleibt derselbe. Wenn ein Mensch sein Erdenkleid ablegt, bedeutet dies lediglich eine Befreiung von einem schwerfälligen Panzer. Das Erdenleben ist eine Schule; mit jeder Wiederverkörperung beginnt eine neue Klasse, nachdem sich die betreffende Wesenheit längere Zeit durch Ferien in der feinstofflichen Welt, auch Jenseits genannt, erholt hat. Dort wer-

den zugleich die Erfahrungen der abgeschlossenen Schule des Lebens verarbeitet und sich innerlich zueigen gemacht, soweit dies möglich ist. Eine Weiterentwicklung kann bei einem esoterisch noch nicht erwachten Menschen nach dem physischen Tod nicht stattfinden, sondern nur in einem neuen irdischen Körper. Hier kann eine weitere Klasse folgen – hoffentlich eine höhere. Das Verlassen dieser Schule kann, sollte jemand nicht noch lange sitzenbleiben, nur durch erfolgreichen Abschluß, den Aufstieg in die höhere Stufe erfolgen. Während der langen Reise durch die Wiederverkörperung waren die Menschen stets unfähig, einen Leib für immer zu behalten und zu erhalten; er gehörte also nicht den Betreffenden, er wurde ihnen bloß geliehen. Unter gegebenen Voraussetzungen ist es durchaus möglich, die Auferstehung ohne die Bewußtseinsunterbrechung des Todes zu erreichen. Neben Jesus und Maria haben das manch andere erreicht, auch in neuester Zeit, wie aus der IM-Literatur und anderen Schriften zu entnehmen ist. Erst vom Augenblick des Aufstiegs an gehört der erhöhte Mensch ganz sich selbst, ist er „ich bin". In früheren Verkörperungen haben wir alle neben Handlungen, die dem Gesetz des Weltalls zuwiderliefen, viele prachtvolle Dinge vollbracht. Sie sind aufgezeichnet im Umkreis des Überselbst, im Kausalkörper, wo sie in den wundervollsten Farben des heiligen Feuers leuchten. Bei der Auferstehung und oft schon vorher, wenn wir von der großen Stille durchdrungen sind, treten die Auswirkungen all des Guten und Schönen, das wir je aussandten, mit Macht in unser Leben ein. Dadurch waren alle Meisterwesen schon vor dem Aufstieg befähigt, große Wunder zu vollbringen. Auch wir werden dies können, denn wir stehen wie sie unter dem Gesetz des Weltalls. Nachdem Jesus auferstanden war, konnte er wie jeder Meister das Christusbewußtsein voll verwirklichen. Jedes auffahrtserhobene Wesen, das mit „ich bin" wiedervereint ist, hat das Christusbewußtsein erlangt. Jenes vollkommene Selbst ist etwas Be-

sonderes, Unverwechselbares und Unersetzliches, ein Wesen göttlicher Schöpferkraft. So wie es mir ein Klassenkamerad seinerzeit in einem Erinnerungsalbum verewigte:

> *Keiner sei gleich dem andern,*
> *doch gleich sei jeder dem Höchsten.*
> *Wie das zu machen?*
> *Es sei jeder vollendet in sich selbst.*
> *(Friedrich Schiller)*

Alle aufgestiegenen Wesen können die Erde betreten, so oft sie es wünschen und für nötig finden, um den Menschen beizustehen. Das tun sie durch Verdichten von Körpern, durch die Herrschaft über das Elektron. Die Meister bewegen sich bei einem solchen Besuch in der Welt, sind aber nicht von der Welt. Ihre Liebe und Hilfsbereitschaft ihren einstigen Mitmenschen gegenüber hat zum Ziel, die Auferstehung und den daran anschließenden Aufstieg der ganzen Menschheit ins Licht sowie jenen des Planeten zu beschleunigen.

Ewige Jugend gehört zum göttlichen Plan; das Aussehen eines jeden stellt das Ergebnis all seiner Gedanken und Gefühle dar, die er hegte, seit er aus der Zentralsonne und „ich bin" seinen Ursprung nahm. Erlangt man die Herrschaft über seine Gedanken und Gefühle sowie über die Urkraft der Elemente, so wird der Körper nicht mehr altern. Er wird mit ewiger Jugend durchstrahlt schon vor dem Aufstieg.

Im Bericht von Baird Spalding „Leben und Lehren der Meister im Fernen Osten" wird ein junges Mädchen erwähnt, das wie fünfundzwanzig anmutete. Nach beglaubigten Dokumenten war sie über vierhundert Jahre alt. Das ist möglich durch das Licht von innen heraus, wobei eine im ursprünglichsten Sinne naturgemäße Lebens- und Ernährungsweise vorangegangen sein muß. „Ich bin" ist das Wunder ewiger Jugend und sofortiger Heilung.

Das Erdenleben wird weiterdauern für lange Zeiten, aber auf anderer, höherer und schönerer Stufe, an die nichts Unvollkommenes mehr heranreicht. Dieselbe Intelligenz, die sich in einer unvollkommenen Form nicht voll entfalten kann, ist unter verbesserten Voraussetzungen fähig, die Erscheinungen umzuwandeln, zu veredeln und in die Vollkommenheitsstufe zu erheben.

Das auffahrtserhobene Erdenleben wird zeitlos und unbeschwerlich sein. Da leben die Hochentwickelten in ewiger Jugend. Sie tragen zu ihrem Lebensstrom passende Lichtgewänder, die sich ohne Saum und Naht ihrer Gestalt anfügen. Das Blut verwandelt sich beim Aufstieg in goldenes, flüssiges Licht, das ihre ganze Aura erhellt. Von Liebessonnen unter den Menschen werden sie zur viel tausendmal heller leuchtenden Himmelssonne des „ich bin". Das neue Zeitalter ist nicht mehr Utopie, nicht mehr ernst zu nehmende Prophetie. Diese Zuversicht wird verkündet durch den Gesang der drei Genien im Finale der „Zauberflöte":

> *Bald prangt, den Morgen zu verkünden,*
> *die Sonn' auf gold'ner Bahn.*
> *Bald soll der Aberglaube schwinden,*
> *bald siegt der weise Mann.*
> *O gold'ner Friede, steig' hernieder*
> *kehr' in der Menschen Herzen wieder!*
> *Dann ist die Erd' ein Himmelreich,*
> *und Sterbliche sind Göttern gleich.*

Soweit der, wie ich finde, sehr interessante Beitrag von Frau Wegmann zu diesem Thema, bei der ich mich hier nochmals ganz herzlich für die Freigabe dieses langen Textes für mein Buch bedanken möchte.

• Neue Jugend, neuer Wissensdurst

Im Körper von uns Menschen scheint eine Art Alterungs-
und Verschleißprozeß quasi „eingewebt" zu sein. Zumindest
glaubt die moderne Wissenschaft, dies herausgefunden zu
haben, und mit dieser These liegt sie, wenn wir unseren heutigen Bewußtseinszustand einmal als Maßstab zugrunde legen, auch völlig richtig. Mit zunehmendem Lebensalter tritt
bei Menschen eine Art mentale Starre ein , die aus Lebens-
erfahrung und der damit verbundenen, sich immer mehr ver-
breitenden Selbstbegrenzung resultiert.

Diese ist auch einer der Gründe, warum wir immer wieder unsere alten Körper ablegen und uns neue erschaffen. Es
ist ein ganz einfacher und natürlicher Vorgang, der seinerseits immer wieder neue, verschiedenartige Prozesse und
Erfahrungen wie Glück, Fehlschläge, Enttäuschung, Unter-
nehmungsgeist, Abenteuer und so weiter in den verschiedensten Körpern, Geschlechtern und aus den verschiedensten Kontinenten mit sich bringt.

Im Unterbewußtsein, das all diese Seelenwanderungen
als Teil des feinstofflichen Urkörpers mitmacht, bleiben alle
Erfahrungen, egal aus welchen Inkarnationen auch immer,
gespeichert. Deshalb haben wir auch das Gefühl, schon einmal an bestimmten Orten gewesen zu sein, obwohl wir genau wissen, daß dies in diesem Leben sicher noch nicht der
Fall war. Diese alten, aus früheren Inkarnationen gespei-
cherten Erfahrungen sind in der Regel in den tieferen Ebe-
nen unseres Unterbewußtseins abgespeichert und somit oft
in tiefer Trance „anzapfbar".

• Der Storch irrt nicht

Alle positiven und negativen Erfahrungen, alle Pein, Furcht und Angst, aber auch alle Freuden und Glücksmomente zusammengenommen, die gesammelte Quintessenz aller bisher gelebten Leben sozusagen, machen genau das aus, was wir heute sind. Auch im nächsten Leben werden wir uns genau die Familie und die Umstände aussuchen, die einen weiteren Baustein auf unserem Entwicklungsweg darstellen werden. Der „Storch" macht keine Fehler! Wir werden also immer in genau die Verhältnisse hineingeboren, die unserem aktuellen Seelenzustand zur Zeit der Inkarnation entsprechen. Der Storch irrt aber auch deshalb nie, weil es in Wirklichkeit gar keine Vererbung gibt. Die Tendenzen zu allen späteren Eigenschaften sind schon lange vor der Inkarnation angelegt. Ein Kind, das beispielsweise Aids erbt, hat nicht etwa Pech gehabt und sich versehentlich zwei Fixer als Eltern ausgesucht, sondern diese Erfahrung wie beispielsweise auch die, vielleicht gar nicht lebendig geboren zu werden, oder mit sechs Jahren an Krebs zu sterben, war Teil seiner Weiterentwicklung und durchaus beabsichtigt.

Wenn ein Kind, um ein zweites Beispiel zu geben, etwa Gicht bekommt, so hat es diese Krankheit nicht geerbt – auch wenn der Vater schon seit über dreißig Jahren an derselben Krankheit leidet. Sein Bruder beispielsweise, der zuvor oder auch nach ihm geboren wurde, kann völlig gesund sein, obwohl er aus den gleichen elterlichen Samen beziehungsweise Eizellen hervorgegangen ist. Dieser Bruder oder diese Schwester hat sich eben mit anderen Eigenschaften der Familie auseinanderzusetzen und hat deshalb ebenfalls diese Umgebung gewählt.

• Reich oder arm

Ebenso wie wir Kontinente, Länder, Hautfarbe und Geschlecht wechseln, wechseln wir auch die Verhältnisse finanzieller Art. Wir machen daher alles mit, was es gibt, von „bettelarm" bis zu „stinkreich", und lernen alle damit zusammenhängenden Aspekte kennen. Wer also einen Bettler auf der Straße oder vielleicht sogar seinen Angestellten tritt, ihn demütigt oder auf eine andere Art und Weise erniedrigt, der erntet die Früchte dieser Verhaltensweise eines Tages selbst. Die Seele ist immer bestrebt, sich zu vervollkommnen, und dies heißt unter anderem auch: Sie richtet sich nach dem ewigen Naturgesetz von Ursache und Wirkung, so wie dies jeder Baum, Busch oder auch Grashalm tut. Und dieses Naturgesetz lautet ganz einfach: „Alles, was wir aussenden, kehrt eines Tages auch wieder verstärkt zu uns zurück."

• Geld

Zu diesem sehr umstrittenen Punkt möchte ich gerne einen Absatz aus dem Buch von Wallace D. Wattles „Das Gesetz des Reichwerdens" (erschienen im CSA Verlag, Bad Homburg) zitieren:

„Was auch immer zum Lobe der Armut gesagt werden mag, Tatsache bleibt, daß ein wirklich gutes und erfolgreiches Leben in unserer Gesellschaft nur von denen gelebt werden kann, die reich sind. Wir können nicht zur vollen Größe unserer Talente und Seelenverwirklichung aufsteigen, es sei denn, wir haben reichlich Geld; denn zur Entfaltung unserer Seele und zur Entwicklung unserer Fähigkeiten brauchen wir viele Dinge, und die können wir nicht bekom-

men, wenn wir das Geld zu deren Erwerb oder Nutzung nicht haben."

Für mich ist dies das Beste, was je zum Thema Geld gesagt wurde. Hier kommt klar zum Ausdruck, daß es außer in unserem negativen Denken nirgendwo ein Motiv gibt, in Armut zu leben.

• Verantwortung übernehmen

Solange wir als Kinder in die Situation unserer Eltern eingebunden sind, können wir normalerweise nicht viel an unserer Lage ändern. Sobald wir jedoch erwachsen und selbständig sind, können wir unseren Lebensstandard selbst bestimmen und alles erreichen, was wir uns vorstellen können – vorausgesetzt, wir sind auch bereit, die Verantwortung dafür zu übernehmen.

Egal, welche Beziehung wir auch immer zu Geld haben, sie ist – so wie vieles andere in unserem Leben – sehr von unserer Religion und Erziehung geprägt, auch wenn uns dies nicht bewußt ist. Die im christlichen Glauben geforderte Besitzlosigkeit und Armut war ursprünglich nur für Priester und Mönche gedacht.

Als Vorbild für ein gottgefälligen Lebens dient uns Jesus Christus. Wir gehen heute davon aus, daß Christus in Armut lebte. Unsere Kenntnisse über sein wahres Leben sind jedoch so gering, daß wir weder von einem armen noch von einem reichen Jesus ausgehen können. Zumindest hatte er sehr wohlhabende Gönner, denn das Reisen in Judäa oder Galiläa war mit Sicherheit auch damals nicht umsonst. Dem christlichen Ideal zu folgen hat bestimmt weniger damit zu tun, arm zu sein, als an die Existenz Gottes zu glauben. Zu erkennen, daß Gott in allem ist, was ist – und wenn Gott in

allem ist, warum denn nicht auch im Geld? Es kann doch gar
nichts geben, in dem nicht wenigstens die göttliche Idee ent-
halten ist.

Das Neue Bewußtsein hilft uns, Gott in uns, in unseren
Mitmenschen und in allen Dingen wahrzunehmen. Mit seiner Hilfe können wir lernen, unser Verhältnis zum Reichtum
zu verändern. Fülle und Überfluß stehen für uns bereit; wir
brauchen beides nur zu akzeptieren und anzunehmen. Gerade das fällt uns aber so schwer; in Wahrheit ist also Gott ein
überaus großzügiger Geber, nur wir sind ganz lausige Neh-
mer.

Für einen Menschen, der bereit ist, sein Leben der Suche
nach Gott zu widmen, und der sich in ein Kloster zurück-
zieht, um der Welt zu entsagen, mag es hilfreich sein, ohne
die Belastung, die die Verwaltung von Geld mit sich bringt,
zu leben. Trotzdem lebt der christliche Klerus, der uns umgibt, nicht vermögenslos.

Wer so wie Sie und ich in dieser Welt tagtäglich zu leben
hat, der kann unmöglich ohne Geld existieren. Wir sind aber
auch Kinder Gottes, nach seinem Bilde und Wesen erschaffen; und er will sich nun einmal durch uns ausdrücken, und
zwar in all seiner Fülle und seinem ganzen Überfluß. Wie
anders als durch uns könnte er sich denn sonst ausdrücken?

Sehen wir nur die uns umgebende Natur an. Sie drückt
sich doch wirklich in einer atemberaubenden Fülle aus. Kein
noch so kleines Fleckchen unserer Erde ist wirklich leer und
unbelebt. Weder die Wüste noch der höchste Berg oder das
tiefste Meer – und wir glauben, diesen großzügigen Vater
und Geber dadurch ehren zu müssen, daß wir in Armut leben?

Falsch verstandener Glaube, Angst, die Verantwortung
für unsere Angelegenheiten zu übernehmen, oder die Unfähigkeit, mit Kapital sinnvoll umzugehen, hindert uns häufig daran, unseren Reichtum in Empfang zu nehmen. Wer
sein Leben glücklicher, reicher und erfüllter gestalten möch-

te, muß nämlich auch dazu bereit sein, die Verantwortung dafür zu übernehmen; nicht nur für sein Vermögen, sondern auch für seine Gesundheit, für seine Gedanken und für seine Mitmenschen.

• Wach und bewußt werden

Auch wenn uns von den Kirchen seit Jahrhunderten die Armut als erstrebenswert dargestellt wurde, sind wir doch mittlerweile so wach und bewußt geworden, selbst zu erkennen, daß das überhaupt nicht Gottes Wille sein kann. Um das Volk besser beherrschen zu können, wurde aber unter anderem auch dafür Sorge getragen, daß es jahrhundertelang weder lesen noch schreiben lernte, denn Unwissende sind nun einmal leichter zu regieren als Kluge.

Ist es nicht allerhöchste Zeit, sich von Bevormundung frei zu machen und das Leben zu leben, das für alle, die dies wirklich wollen, Reichtum und Fülle beinhaltet? Sicherlich kommen wir alle mit einem gewissen „Schicksalsrahmen" zur Welt. Aber innerhalb dieses karmischen Rahmens haben wir alle Möglichkeiten, uns zu läutern, Grenzen zu überwinden und uns zum Positiven hin zu entwickeln.

• Die Erde, die uns trägt

Wir müssen erkennen: Wir sind hier auf dieser Welt, um uns die Erde untertan zu machen. Das bedeutet aber nicht, sie zu zerstören, sondern mit ihr zu kooperieren. Unser Heimatplanet ist ein lebendiges Wesen, in dem sich unendlich viel

Schönheit und Liebe manifestiert. Wir sind dazu bestimmt, der Erde zu helfen. Wer sollte es denn bitte sonst tun? Wir tun es zum Beispiel, wenn wir Biotope anlegen, Umweltverschmutzung verhindern oder Raubbau an der Erde bekämpfen. Eine veränderte Einstellung zu unserer Umwelt schafft Reichtum in unserem Inneren und in unserem Äußeren. Überfluß hat also nicht nur mit Geld zu tun; in unserem Bewußtsein die Fülle des Lebens anzunehmen, sei es in Form von Gesundheit, Schönheit, Freiheit oder auch Geld, das ist wirklicher Reichtum.

Uns von Geld beherrschen zu lassen, egal ob durch Haben oder nicht Haben, ist nicht der Weg. Wir sollten deshalb unsere Gedanken nicht ausschließlich um unser Geld und dessen Erwerb kreisen lassen; dadurch verlieren wir die wichtigen Dinge des Lebens nämlich völlig aus den Augen. Der weise Gebrauch unserer Mittel verantwortungsvoll und zum Wohle aller, das ist unsere Aufgabe. Wer kann denn anderen besser helfen in der Not als der, der hat? Anderen zu glauben, Geld sei schlecht und schade unserer geistigen Entwicklung, zeugt von Dummheit und geistiger Armut.

• Talente ausleben

In manchen Inkarnationen erlebt eine Seele, wie sie ihre Talente voll ausleben und einbringen kann, in anderen dagegen, wie sie sich selbst begrenzt oder von anderen begrenzt und an ihrer Entfaltung gehindert wird. Zu erkennen und zu verstehen, daß jeder einzelne von uns immer nur seinen eigenen Weg in seinem ureigenen Rhythmus zu gehen hat, erspart viel Ärger und verhindert natürlich auch viel Haß. Zu wissen, daß unsere Zukunft bis zur Unendlichkeit geht und daß wir wirklich – so wie Jesus Christus uns dies verheißt – das ewige Leben haben und mit unseren Lieben noch viele, viele gemeinsame Leben verbringen, ist dies nicht eine fabelhafte Aussicht? Lesen Sie doch unter dem Eindruck dieses Wissens einmal sehr aufmerksam die Bibel, und Sie werden schnell feststellen, wie tief sich diese Wahrheiten in Ihren Geist „einbrennen".

Begreifen Sie, daß Karma nie eine Strafe oder einen Fluch, sondern immer eine neue, großartige Chance bedeutet. Glauben Sie mir, daß die allermeisten Ihrer schlechten Erfahrungen nichts mit Karma aus früheren Leben zu tun haben – aus diesem Falschglauben ist übrigens auch das unsägliche Kastendenken Indiens hervorgegangen. Karma entspringt fast immer dem aktuellen Leben und kann durch positiv-konstruktives Denken jederzeit auch wieder verändert werden. Nutzen Sie also Ihre Göttlichkeit, Ihre Möglichkeiten und verwandeln Sie Ihr Leben jetzt zum Besseren.

Wie lange wollen Sie noch damit warten, mit Ihrer geistigen Arbeit anzufangen und damit Ihren selbstgewählten Weg des geistigen Aufstiegs verhindern?

• Die Regeln sind immer dieselben

Soweit also in etwas geraffter Form die Themen Tod, Wiedergeburt und ihr direkter Bezug zum positiv-konstruktiven Denken. Wenn Sie diese letzten 40 Seiten aufmerksam gelesen haben, dann ist Ihnen vielleicht aufgefallen, daß im Jenseits, wo wir lediglich mit unserem feinstofflichen Körper leben und agieren können, dieselben Regeln herrschen wie in unserem heutigen Leben mit diesem grobstofflichen Körper aus Fleisch und Blut, und daß wir nur einen kleinen Schritt aus unserem weltlichen, an Formen und Materie ge-

bundenen Bewußtsein heraustreten müssen, um zu verstehen, warum wirklich alles im Geiste beginnen muß, aus dem
Geist kommt und sich wieder in Geist zurückverwandelt.
Wenn wir all diese ursächlichen Zusammenhänge von Geist
und Materie zunächst einmal nicht nur vorschnell verwer-
fen, sondern ihnen die Möglichkeit geben, in uns zu reifen
und wir ihnen so die Chance lassen, quasi zu uns zu sprechen, so werden wir schon sehr bald eine große Bewußt-
seinserweiterung an uns selbst feststellen, die uns völlig
neue Blickwinkel und ein neues Verständnis für das Leben
im allgemeinen gibt.

Kapitel 10

• Namen und ihre Bedeutung

Es dürfte Sie in diesem Zusammenhang sicher auch interessieren, wie der Mensch eigentlich zu seinem Namen kommt. Auch in diesem Bereich irren wir gewaltig, wenn wir glauben, daß unsere Namensgebung auf Zufälle oder gar Launen unserer Eltern zurückgeht. Auch hier ist, wie bei allem, mit dem wir es auf dieser Welt zu tun haben, eine Gesetzmäßigkeit und Ordnung am Werk, die dafür sorgt, daß unsere Namen und der Weg, den wir zu gehen gewählt haben, zueinander finden. Jeder Name hat nämlich eine tiefere Bedeutung, welche in unmittelbarem Zusammenhang mit den Charaktereigenschaften der jeweiligen Seele zwecks geistiger Weiterentwicklung gelebt werden soll. Eine jede Seele sucht sich, wie wir ja bereits wissen, ihre Eltern, die soziale Umgebung und alle anderen Lebensumstände aus, um sich selbst weiterentwickeln zu können. Da sich meist alle Seelen, die diese Familie „bewohnen", bereits schon seit vielen Inkarnationen kennen, wählen die Eltern im Normalfall ganz intuitiv jenen Namen, der den Eigenschaften der inkarnierten neuen Seele entspricht. Manchmal fällt diese Entscheidung auch schon viele Jahre zuvor in den tiefsten Bewußtseinssphären der späteren Eltern, eben weil das Unterbewußtsein zeit- und raumlos ist und bereits von Ereignissen weiß, die von unserer Warte aus gesehen anscheinend noch weit in der Zukunft liegen.

Eine solche Geschichte, nämlich die, wie ich zu meinem Vornamen Peter kam, möchte ich Ihnen deshalb jetzt erzählen.

• Peter

Als meine Mutter etwa siebzehn oder achtzehn Jahre alt war, hatte sie in ihrer Firma zwei Kollegen; der eine trug den Namen Peters, der andere den Namen Petersen. Da ihr der Klang dieser Namen außerordentlich gut gefiel, wünschte sie sich von da an, sie würde einen Freund haben, der Peter hieß. Je länger dieser Wunsch aber unerfüllt blieb, desto mehr nahm sie sich vor, ihr erstgeborenes Kind – sollte es ein Junge sein – einmal Peter zu nennen.

Mein Vater, der mit richtigem Vornamen August heißt und sich schon von frühester Kindheit an dieses Namens schämte, teilte diese Tatsache einmal einer seiner Freundinnen mit, die mit ihm in dieser Hinsicht nicht nur völlig übereinstimmte, sondern beschloß, ihn ab sofort nicht mehr „Guste", sondern einfach Peter zu nennen. Nachdem ihm dieser Name sehr gut gefiel, erklärte er seinen späteren Flammen, er hieße zwar August, bevorzuge aber den Rufnamen Peter. Eine dieser Freundinnen nahm ihm sogar eines Tages das Versprechen ab, später einmal seinen erstgeborenen Sohn Peter zu taufen.

Sie können sich sicher vorstellen, daß aufgrund dieser Konstellation keine nervenaufreibende Namensdiskussion zwischen meinen Eltern geführt werden mußte, als ich das Licht des Kreißsaals in Stuttgart-Bad Cannstatt erblickte.

• Fragen Sie einmal Ihre Eltern

Wenn auch Sie Ihre Eltern einmal auf dieses Thema ansprechen, werden Sie im einen oder anderen Fall auf ähnliche Erlebnisse stoßen. Natürlich ist dies nicht immer der Fall, dennoch ist sicher: Selbst wenn der Name erst in letzter Sekunde vor dem Taufbecken entschieden wird, wird er immer der richtige für genau diesen Täufling sein. Sie glauben das nicht? Dann kaufen Sie sich doch einmal ein Spiel mit Tarotkarten und verstreuen Sie diese auf dem Fußboden oder auf einem großen Tisch; nun ziehen Sie mit der Frage: „Was will mir diese Karte zu meinem momentanen Gemütszustand sagen?", mit Ihrer intuitiven Hand (die intuitive Hand, die Bauch- oder auch Herzhand sozusagen, ist bei Rechtshändern die linke, bei Linkshändern die rechte Hand) eine Karte. So alt Sie auch werden, und so oft Sie auch eine Karte ziehen, Sie werden immer eine Karte ergreifen, die Ihre jeweilige Gemütsverfassung wiederspiegelt. Sie können dann, gleich darauf eine zweite Karte ziehen mit der Frage: „Wie sieht meine Zukunft aus?" beziehungsweise „Wie sieht die aktuelle Lösung meiner jetzigen Situation aus?"

Schreiben Sie sich die Ratschläge der Karte, wie Sie sich künftig verhalten sollen, um persönlich, privat, gesundheitlich oder beruflich weiterzukommen, auf und bewahren Sie diesen Zettel möglichst an einem Ort auf, wo Sie ihn in etwa einem Jahr auch wiederfinden können. Sie werden im nachhinein verblüfft feststellen, daß diese Aussagen stets zutreffend waren. Wenn Sie auf diese Weise einige Monate arbeiten, wird Ihnen völlig klar werden, daß natürlich auch unsere Namen niemals einem „Zufall" entspringen können.

Peter, um noch einmal auf das Beispiel mit meinem eigenen Vornamen zurückzukommen, heißt beispielsweise „Der Unerschütterliche" oder „Der Fels" und ist mehr als zutreffend auf meinen bisherigen Werdegang in diesem Körper und in dieser Inkarnation.

Ich habe im folgenden einmal wahllos einhundertfünfunddreißig weibliche und einhundertdreiundvierzig männliche Vornamen und die dazugehörigen Bedeutungen für Sie herausgesucht; vielleicht finden Sie dort sogar Ihren Namen oder den Ihrer Schwester, Ihres Bruders beziehungsweise

ihrer Eltern. Im diesem Fall werden Sie schnell Zusammenhänge erkennen.

Jeder unserer Vornamen enthält immer eine oder mehrere
dominante Eigenschaften, die die jeweilige Seele in dieser aktuellen Inkarnation auszudrücken wünscht. Allerdings können diese Eigenschaften sehr viele Bereiche unseres Lebens
gleichzeitig betreffen. So kann der Lernschritt in finanzieller,
partnerschaftlicher, gesundheitlicher, charakterlicher, sportli-
cher oder auch beruflicher Hinsicht geplant sein. Sie sollten,
wenn Sie im folgenden Ihren Namen und die ihm zugeordne-
te energetische Entsprechung finden, tief in Ihrem Bauch zu
erfühlen versuchen, ob er das auch wirklich umschreibt beziehungsweise wiederspiegelt, was Sie bisher an Haupteigen-
schaften im jeweiligen Bereich leben oder gelebt haben.
Wenn Zweifel aufkommen oder Sie sich sogar ganz sicher
sind, daß dies nicht der Fall ist, so könnte es beispielsweise
sehr hilfreich für Sie sein, einen guten Astrologen aufzusu-
chen, um mit seiner Hilfe ein wenig mehr Klarheit zu erhalten, warum und weshalb Sie einst auf Seelenebene die jetzige
Inkarnation als Lernschritt für sich gewählt haben. Sehr oft
verändert nämlich allein die Tatsache, daß der Mensch plötzlich weiß, was er sich einst als Lernschritt ausgesucht hat,
sein ganzes zukünftiges Leben. Er entdeckt, daß er vielleicht
bisher vernachlässigte Talente oder Fähigkeiten ausbilden
sollte, die in der Vergangenheit – aus welchen Gründen auch
immer – unterdrückt oder nicht beachtet wurden. Was ich mit
dieser Namensliste also erreichen möchte, ist, daß Sie an diesem Beispiel einmal selbst „erspüren" lernen, welche phantastische Ordnung und phänomenale Kraft in uns und in diesem
Universum am Werk ist. Ich möchte unter anderem aber auch
erreichen, daß Sie selbst noch mehr Mut bekommen, sich genau mit dieser Urkraft noch intensiver auseinanderzusetzen,
um eine bessere Lebensqualität, mehr Wissen und vor allen
Dingen noch wesentlich mehr Vertrauen in sich selbst zu bekommen.

Weibliche Vornamen:

Adelheid	=	die Edle
Agathe	=	die Gute
Agnes	=	die Reine, die Keusche
Alexandra	=	die Fürsorgliche
Alma	=	die Nährende
Amanda	=	die Liebenswerte
Anastasia	=	die Auferstandene
Andrea	=	die Elegante
Angela	=	der Engel (weibl.)
Angelika	=	die Engelhafte
Anna	=	die Mütterliche
Anita	=	die Blühende
Anja	=	die Begnadete
Annemarie	=	die Gnädige
Annette	=	die Traumhafte
Astrid	=	die Anmutige
Barbara	=	die Geheimnisvolle
Beate	=	die Beglückende
Beatrix	=	die Glückbringende
Berta	=	die Strahlende
Bettina	=	die Mächtige
Bianca	=	die Glanzvolle
Birgit	=	die Erhabene
Brigitte	=	die Hilfreiche
Brunhilde	=	die Kämpferin
Caroline	=	die Königliche
Christine	=	die Herrliche
Clara	=	die Berühmte
Claudia	=	die Aufopfernde
Cordula	=	das Herzchen
Corinna	=	das kleine Mädchen
Cornelia	=	die Hilfreiche

Dagmar	=	die Prinzessin
Daniela	=	die Gerechte
Debora	=	die Fleißige
Diana	=	die Strahlende
Dolores	=	die Mutter des Schmerzes
Doris	=	die Kämpferin
Dorothea	=	das Geschenk Gottes
Edith	=	die Kämpferin für Besitz und Erbe
Eleonore	=	das Licht Gottes
Elisabeth	=	die Gottestreue
Elvira	=	die Schützende
Emma	=	die fleißige Biene
Erika	=	die Herrscherin
Esther	=	der Stern
Eva	=	die Lebensspenderin
Flora	=	die Blume
Franziska	=	die Zierliche
Gabriele	=	Gottes Stärke
Gerda	=	die Beschützerin
Gertrud	=	die Bezwingerin
Gisela	=	die Vornehme
Gloria	=	die Ruhmreiche
Gracia	=	die Anmutige
Gudrun	=	die Weise
Hanna	=	die Begnadete
Hedwig	=	die Kämpferin
Heidi	=	die Verschwiegene
Helene	=	die Strahlende
Helga	=	die Glückliche
Hildegard	=	die Fürsorgliche
Ida	=	die Arbeitsame
Inge	=	die Fruchtbare
Ingrid	=	die Schöne
Irene	=	die Friedliebende
Iris	=	die Götterbotin

Irmgard	=	die Beschützerin
Isolde	=	die Waltende
Jennifer	=	die Betörende
Johanna	=	die Behütete
Judith	=	die Vielgepriesene
Julia	=	die Funkelnde
Karin	=	die Schöne
Katharina	=	die Unschuldige
Katja	=	die Fruchtbare
Konstanze	=	die Standhafte
Lena	=	die Büßerin
Lisa	=	die Mächtige
Lucia	=	die Leuchtende
Ludmilla	=	die Vielgeliebte
Manuela	=	die Beschützerin
Margarete	=	die Perle
Margit	=	Tochter des Lichts
Maria	=	die Widerspenstige
Marianne	=	die Unnahbare
Marion	=	die Geheimnisvolle
Marlene	=	die Glänzende
Marlies	=	die Hilfsbereite
Martha	=	die Herrin
Martina	=	die Kriegerische
Mathilde	=	die Kämpferin
Melanie	=	die Ausgeglichene
Melitta	=	die Fleißige
Michaela	=	die Unvergleichliche
Mildred	=	die Freundliche
Mireille	=	die Wunderschöne
Monika	=	die Einsame
Nadine	–	die Hoffnungsvolle
Natalie	=	die Lebensfrohe
Nicole	=	die Herrscherin
Nina	=	die Behütete

Patricia	=	die Vornehme
Petra	=	die Unerschütterliche
Prisca	=	die Ernsthafte
Rebekka	=	die Fesselnde
Regina	=	die Königin
Renate	=	die Wiedergeborene
Rosemarie	=	die Sittsame
Sabine	=	die Kühle
Sabrina	=	die Märchenhafte
Samantha	=	die Gehorchende
Sarah	=	die Fürstin
Sibylle	=	die Weissagerin
Sigrid	=	die Siegreiche
Silke	=	die Unnahbare
Simone	=	die Erhöhte
Sonja	=	die Kluge
Sophia	=	die Weise
Stefanie	=	die Erfolgreiche
Stella	=	der Stern
Susanne	=	die Reine
Sylvia	=	die Naturverbundene
Tanja	=	die Mütterliche
Trude	=	die Kraftvolle
Ulrike	=	die Mächtige
Ursula	=	das Bärchen
Ute	=	die Gütige
Valerie	=	die Kräftige
Vera	=	die Aufrichtige
Verena	=	die Scheue, die Aufrechte
Veronika	=	die Siegbringende
Vivien	=	die Lebendige
Xenia	=	die Gastfreundliche
Yvonne	=	die Bedächtige

Männliche Vornamen:

Adam	=	der Mensch
Alexander	=	der Beschützer
Alfons	=	der Bereitwillige
Alfred	=	der Ratgeber, der Scharfsinnige
Alois	=	der Weise
Andreas	=	der Mannhafte, der Tapfere
Anton	=	der Verläßliche
Arnold	=	der Adler
Arthur	=	der Bär
August	=	der Erhabene, der Ehrwürdige
Axel	=	der Friedliebende
Benedikt	=	der Gesegnete
Benjamin	=	der Sohn des Glücks
Bernd	=	der Mutige
Bernhard	=	der Starke
Berthold	=	der glänzende Herrscher
Bodo	=	der Gebieter
Boris	=	der ruhmreiche Kämpfer
Christian	=	der Herrliche
Christoph	=	der Starke
Clemens	=	der Gütige
Daniel	=	der Gerechte
David	=	der Tapfere
Dennis	=	der Sagenhafte
Dieter	=	der Kämpfer
Dietmar	=	der Berühmte
Dietrich	=	der Mächtige
Dirk	=	der Fürstliche
Dominik	=	der Gebieter
Donald	=	der Weltherrscher
Eberhard	=	der Kühne
Eckehard	=	der mutige Kämpfer

Edgar	=	der Kämpfer für den Besitz
Edmund	=	der Schützer des Erbes
Eduard	=	der Hüter des Besitzes
Emmerich	=	der mächtige Kämpfer
Erhard	=	der Ehrenhafte
Erich	=	der Herrscher
Ernst	=	der Entschlossene
Erwin	=	der Ehrenhafte
Eugen	=	der Wohlgeborene
Ewald	=	der nach dem Gesetz Waltende
Felix	=	der Glückliche
Ferdinand	=	der mutige Beschützer
Florian	=	der Prächtige
Frank	=	der Freie
Franz	=	der Pfiffige
Friedrich/		
Fritz	=	der mächtige Herrscher
Gabriel	=	der Diener Gottes
Georg	=	der Landmann
Gerald	=	der Waltende
Gerd/Gerhard	=	der kühne Kämpfer
Gottfried	=	der Schützer
Gregor	=	der Wachsame
Günther	=	der Kämpfer
Guido	=	der Bodenständige
Gustav	=	die Stütze
Hannes	=	der Behütete
Hans	=	der Glückspilz
Harald	=	der Heerführer
Heinz	=	der Herrscher
Helmut	=	der Mutige
Herbert	=	der Berühmte
Hermann	=	der Krieger
Holger	=	der Krieger
Horst	=	der Naturverbundene

Hubert	=	der Scharfsinnige
Hugo	=	der Verstandesmensch
Ignaz	=	der Feurige
Igor	=	der Krieger
Ingo	=	der Schweigsame
Jakob	=	der gute Freund
Jeremias	=	der Erhabene
Joachim/		
Jochen	=	der Aufsteiger
Johann	=	der Behütete
Josef	=	der Erfahrene
Jürgen	=	der Naturverbundene
Justus	=	der Gerechte
Kai	=	der Kämpfer
Karl	=	der Streitbare
Karsten	=	der Verläßliche
Kasimir	=	der Friedensstifter
Kaspar	=	der Verwalter
Kevin	=	der Schöne
Kilian	=	der Mönch
Klaus	=	der Herrscher
Knut	=	der Freie
Konrad	=	der Ratgeber
Kurt	=	der Kühne
Leonhard	=	der Löwe
Leopold	=	der Kühne
Lothar	=	der Krieger
Ludwig	=	der Kämpfer
Lukas	=	der Sonnige
Magnus	=	der Angesehene
Manfred	=	der Beschützer
Marcel	=	der Schützling
Mario	=	der Umsichtige
Marius	=	der Meerverbundene
Markus	=	der Beschützer

Martin	=	der Streitbare
Mathias	=	der Unersetzliche
Maximilian	=	der Größte
Michael	=	der Unvergleichliche
Nathan	=	das Geschenk Gottes
Neidhard	=	der kühne Kämpfer
Noah	=	der Trostbringende
Norbert	=	der Rührige
Olaf	=	der Erbe
Oliver	=	der Weise
Ortlieb	=	der Kämpfer
Patrick	=	der Vornehme
Paul	=	der Sensible
Peter	=	der Unerschütterliche
Philipp	=	der Tierfreund
Raimund	=	der Schützer
Rainer	=	der Vollendete
Ralf	=	der Mutige
Robert	=	der Ruhmreiche
Roland	=	der Kühne
Rudi	=	der starke Wolf
Salomon	=	der Friedliche
Sebastian	=	der Erhabene, der Verehrungs-würdige
Siegfried	=	der Sieger
Simon	=	der Gütige
Stefan	=	der Erfolgreiche
Sven	=	der junge Krieger
Theodor	=	das Geschenk
Thomas	=	der Vorsichtige
Thorsten	=	der Harte
Tobias	=	der Gutmütige
Valentin	=	der Gesunde
Viktor	=	der Sieger
Vinzenz	=	der Siegreiche

Volker	=	der Vorkämpfer
Udo	=	der Wohlhabende
Ulrich	=	der Mächtige
Uwe	=	der Vertrauensvolle
Walter	=	der Aktive
Werner	=	der Wehrhafte
Wilhelm	=	der Schützer
Willibald	=	der Willensstarke
Wolfgang	=	der Zielstrebige

(Quellen: u.v.a.: Knaurs Vornamen-Buch/Das große Buch der Vornamen, Ullstein sowie eigene Aufzeichnungen)

Natürlich kann es in einigen Fällen auch sein, daß die Charaktereigenschaften eines Menschen und dessen Namen überhaupt nicht zusammenpassen. In diesem Fall lebt derjenige entweder (noch) nicht seine Bestimmung und hat eine Wandlung vor sich, oder er ist noch nicht bereit, dieses Muster anzunehmen und inkarniert deshalb ein zweites oder vielleicht auch drittes Mal, um es erst dann zu verwirklichen. Dennoch ist festzustellen, daß bei den allermeisten Menschen – vorausgesetzt, man kennt sie wirklich ein wenig und nicht nur ihre äußere „Maske"-Übereinstimmungen von Charaktereigenschaften und Namen die Regel ist.

Denken Sie bitte aber auch daran, daß die Seele bereits im Kleinkindstadium durch Eltern, Geschwistern oder Freunde oft so verstört wird, daß sie ihren Weg manchmal nur schwer, teilweise in diesem Leben sogar überhaupt nicht mehr finden kann.

Ein Junge, der beispielsweise mit Vornamen Lukas, der Sonnige, heißt, kann durchaus aufgrund von falscher Erziehung und schädlichen Umwelteinflüssen auf die schiefe Bahn geraten und kriminell werden; deshalb heißt das noch lange nicht, daß die Bedeutung des Namens falsch ist. Auch wenn dieser Junge ein Leben lang kriminell bleibt, kann er in der nächsten Inkarnation dennoch seinen Weg finden. Auch in der feinstofflichen Dimension kann man – wie bereits erwähnt – Fehler machen und wer – wie es in dieser hiesigen Dimension oft geschieht –, einfach „die Kurve nicht kriegt", der muß es eben ein zweites oder gar ein drittes Mal probieren. Auch in diesem Zusammenhang gilt: Nobody is perfect.

Meine Co-Therapeutin Monika Junghanns kommentierte in einem offenen Brief an unsere Seminarteilnehmer die Frage nach dem Sinn des Lebens und der Liebe einmal auf die folgende Weise:

• Der Sinn des Lebens

Die Frage nach dem Sinn des Lebens bleibt bei den meisten
Menschen unbeantwortet, denn in der Regel bewerten wir
doch alle nur auf der grobstofflichen Ebene. Es bewegen uns
Fragen wie: Wozu haben wir es gebracht? Was haben wir
beruflich erreicht? Wieviel Vermögen haben wir angehäuft?
Wieviel von der Welt haben wir schon gesehen? Worauf
können wir zurückblicken in unserem Leben? War es nur
Arbeit, oder hatten wir auch Vergnügen? War es ein steini-
ger Weg oder haben wir alles geschenkt bekommen?
    Für die meisten Menschen ist der Sinn des Lebens doch
irgendwie mit Arbeit verknüpft, die möglichst befriedigend
sein sollte. Gibt es überhaupt einen Lebenssinn ohne Arbeit?
Kann es sinnvoll sein, nichts zu tun?
    Keine Frage: Arbeit kann anstrengend sein, kann Verzicht
und Last bedeuten. Sie kann uns andererseits aber auch Erfüllung schenken uns so den erwünschten Sinn des Lebens
geben. Ein Zuviel an Arbeit kann jedoch genauso unbefrie-
digend sein wie ein Zuviel an Muße.

• Woran werden wir gemessen?

In unserer hiesigen Gesellschaft meinen viele, daß wir nur
durch Arbeitsleistung etwas wert sind. Arbeit ist zwar für die
meisten eine notwendige Bedingung, um überhaupt existieren zu können, kann doch aber nicht wirklich der einzige Inhalt unseres Daseins sein. Wir werden unseren tieferen Lebenssinn nur dann finden, wenn wir unserem Leben eine
neue Grundlage geben, eine Tiefengrundlage sozusagen.
Diese kann nicht nur durch Arbeit oder Nichtstun entstehen,

sondern durch eine neue Grundeinstellung, durch „Neues Bewußtsein". Dieses Bewußtsein erreichen wir, indem wir bei der Arbeit und beim Nichtstun, bei Erfolgen und bei Mißerfolgen auf eine in uns verborgene Wirklichkeit vertrauen; auf eine geistige Wirklichkeit, die uns, wenn wir uns tief innen dafür öffnen, trägt, durchdringt und letztendlich von innen heraus leitet. Egal wie wir sie nennen, ob Gott, Höheres Selbst oder Unterbewußtsein, diese tief in uns verborgene Macht wird uns freimachen, frei gegenüber allen weltlichen Gütern. Dann sind wir weder Sklave der Arbeit noch wird uns Zeit fehlen für Ruhe, Musik, Kultur und Erholung, und wir werden auch nicht ständig auf der Suche nach dem Ausleben, nach Rausch und Betäubung sein. Wir müssen das Vertrauen in die Existenz der Göttlichkeit in uns wieder gewinnen, denn wir wissen ja inzwischen, daß jeder Mißerfolg nur durch das Gegenteil, also den Erfolg, ersetzt werden kann.

• Liebe

Eine der Haupttugenden in der Liebe überhaupt ist wohl die Gelassenheit. Aber können wir gelassen sein, wenn wir lieben? Können wir den anderen so akzeptieren, wie er ist, oder wollen wir ihn ändern, damit er so wird, wie wir es uns wünschen, wie wir ihn gerne hätten, wie er in unser Leben, nach unserem Verständnis, am besten passen würde? Meist wollen wir ihn aber besitzen und versuchen deshalb ständig, ihn nach unseren Vorstellungen zu manipulieren.

Wenn wir frisch verliebt sind, ist die Welt meist noch in Ordnung. Nichts kann uns erschüttern, alles gelingt uns leicht und mühelos, und jeder Tag wird so zu einer Art Festival. In Gedanken sind wir ständig bei unserer „Geliebten", und auch die nonverbale Kommunikation funktioniert sehr gut. Plötzlich klingelt das Telefon genau in dem Augenblick, in dem wir „sie" sowieso gerade anrufen wollten.

Liebe entsteht in der Seele und nicht, wie fälschlicherweise vermutet, im Verstand. Liebe kennt keine Grenzen und keine Rassen, keine Religions- und keine Klassenunterschiede. Liebe kennt auch keine Moral, denn was ist schon Moral? Die Moral ist nichts anderes als etwas vom Staat, der Gesellschaft und den Religionen, also von fremden Menschen Geschaffenes, Einengendes und in vielen Fällen auch furchtbar Verlogenes. Liebe kümmert sich nicht um künstlich auferlegte Moral, sondern ist eine Bindung zwischen zwei Menschen, die zwischen Abstand und Nähe wechselt.

• Keine Sicherheit

In der Liebe gibt es keine Sicherheit, sie kommt und geht, wie sie will. Manchmal bleibt sie lange bei uns, vielleicht sogar ein Leben lang. Manchmal geht sie oft von einem Tag zum anderen, und wir können es gar nicht fassen. Liebe ist wie ein Schmetterling; sie setzt sich mal hier, mal dort hin, ihr Flug ist unberechenbar. Wahre Liebe kann nur in der Freiheit entstehen und gedeihen, und sie sollte uns zu nichts verpflichten. In der Ehe kann die lebenslange Verpflichtung zu Liebe und Treue im Laufe der Jahre Schwermut erzeugen, aber auch Angst, daß wir eventuell von unserem Partner verlassen werden könnten.

• Nähe zulassen können

Oft können wir Nähe einfach nicht mehr zulassen – aus lauter Angst, daß wir Verletzungen nicht überstehen werden. Wenn die Liebe geht, so geht sie in der Regel nicht bei beiden gleichzeitig. Es könnte ja sein, daß meine Liebe noch sehr lebendig ist, mein Partner aber bereits mit der Beziehung abgeschlossen hat. Dann überfällt uns jener Schmerz, den wir alle nicht erleben wollen. Wenn die Liebe geht, entsteht immer eine Art Leere in unserem Leben. Wir verlieren die Kontrolle über den anderen und manchmal sogar über uns selbst. Wenn wir aber nicht besitzergreifend lieben, sondern dem anderen seinen Freiraum lassen, haben wir die größten Chancen für eine beglückende und befriedigende Partnerschaft. Wenn wir jemanden besitzen wollen, so führt das im Laufe der Zeit immer zu Kampf, Zerstörung und Aggression, denn irgendwann läßt sich das der andere nicht mehr gefallen und bricht aus diesem Gefängnis aus.

Meist ist dann auch die Liebe am Ende, und wir stehen da wie begossene Pudel, nicht begreifend, wie das alles hatte passieren können. Wir sollten deshalb versuchen, unser Leben und die Liebe zu genießen, indem wir den anderen sich in Freiheit entfalten lassen, denn so kann aus einer gewissen Distanz heraus manchmal auch sehr große Nähe entstehen.

• Mutig sein

Mutig müssen wir schon sein, um die Angst des Verlassenwerdens zu überwinden. Mut brauchen wir aber auch, um uns überhaupt auf eine Beziehung einzulassen. Nur so können wir erfahren, was wirkliche Nähe ist, was ein anderer

Mensch in uns zum Schwingen bringen kann – und somit auch uns selbst erfahren.

Aber nicht nur die Liebe zwischen Mann und Frau sollte auf Freiheit und gleichzeitiger Nähe aufgebaut sein, sondern auch die Liebe zu unseren Kindern. Auch sie sind Persönlichkeiten, die wir nicht egoistisch an uns binden dürfen, denn auch dadurch entsteht wieder ein großer Leidensdruck, gerade dann, wenn das Kind sich eines Tages sein eigenes Leben aufbauen möchte.

Zuviel Elternliebe kann erdrücken und beim Kind Haß oder Fluchtgedanken auslösen. Das Kind hält es dann nicht mehr zu Hause aus und kann sich nur retten, indem es geht. Liebevoll zur Selbständigkeit erziehen wäre die ideale Form der Elternliebe; dann wird ein Kind auch immer wieder gerne und freiwillig ins Elternhaus zu Besuch kommen.

• Gefahren falsch verstandener Liebe

In der Therapie habe ich oft beobachten können, daß sogar Vierzigjährige immer noch unter dem Druck ihrer Eltern leiden können. Sie meinen, sie müßten so leben, wie die Eltern es wünschen. Um ihre Eltern nicht zu enttäuschen, leben sie tatsächlich nicht ihr, sondern das von den Eltern gewünschte Leben. Sie fallen quasi ins Kindstadium zurück, wollen das brave Mädchen, der gehorsame Junge sein und bemerken gar nicht, daß sie sich wie kleine, unmündige Kinder benehmen. Diese Menschen haben den Ablösungsprozeß vom Elternhaus einfach noch nicht vollzogen und sind im wahrsten Sinn des Wortes noch nicht „abgenabelt." Doch egal in welchem Alter auch immer, es ist nie zu spät, um unser Verhalten unseren Eltern gegenüber zu ändern. Wir allein müssen darüber entscheiden, wie wir zu leben wünschen, ob wir unser eigenes Leben oder das Leben unserer Eltern leben wollen. Wichtig ist, daß man sich aus zu großer Abhängigkeit schnellstmöglich löst, um frei, voll Respekt und nicht nur angepaßt zu unseren Eltern stehen zu können.

Kapitel 11

• Der Materialismus und das Neue Bewußtsein

Soweit also der Beitrag von Monika Junghanns. Nun fragen Sie sich unterdessen vielleicht: Wenn all dies so ist, warum hören wir dann nicht mehr von diesen geistig-seelischen Zusammenhängen, und warum lernt man dies nicht bereits in der Schule? Mit absoluter Sicherheit wird sich genau daran in der Zukunft eine ganze Menge ändern, aber dies kann erst dann passieren, wenn die Welt insgesamt eine neue Bewußtseinsstufe betritt. Im Moment sind die meisten von uns noch voll dem materialistischen Denken verhaftet; besonders deutlich zeigt sich dies an der Einstellung der Medien zum Neuen Bewußtsein. Normalerweise stürzt sich die Presse, wie schon mehrmals angesprochen, doch nur dann verstärkt auf diese Themen, wenn damit Negativschlagzeilen zu machen sind, obwohl es in der Esoterik nicht weniger, aber ganz bestimmt auch nicht mehr schwarze Schafe als in jedem anderen Bereich gibt. Für die der reinen Ratio zugewandten Journalisten ist es anscheinend sehr schwierig, vorurteilsfrei über das Neue Bewußtsein zu berichten. Immer wenn ich Journalisten den Vorschlag unterbereitete, persönlich eines meiner Selbstfindungs- und Aktivseminare zu besuchen, erhielt ich eine Absage, weil allesamt im Grunde genommen große, ja fast panische Angst davor haben, man könnte ihnen in solch einer Veranstaltung vielleicht hinter ihre eigene, sorgsam gehütete Maske schauen. Erst dann, wenn sich auch bei Journalisten und Medienvertretern die Erkenntnis durchsetzt, daß wir niemals Gewalt, Terror, Krieg, Mord, Entführung und vieles andere verhindern können, solange wir täglich durch pausenlose Berichterstattung deren negatives Energiepotential noch verstärken, werden sich die Energien langsam verändern und eine neue, bessere Welt entstehen.

• Der Siegeszug ist nicht mehr aufzuhalten

Trotzdem ist der Siegeszug des Neuen Bewußtseins nicht mehr aufzuhalten. Allein in Deutschland werden pro Jahr knapp sieben Millionen Bücher zum Thema Esoterik, Lebenhilfe oder Neues Bewußtsein verkauft. Hochgerechnet bedeutet dies, daß etwa 15–20 Millionen Menschen, das heißt 20 bis 25 Prozent aller Deutschen, sich mehr oder minder mit diesem Thema befassen. Um diese Zahl noch etwas deutlicher zu machen: In der Saison 1995/96 verbuchte die Deutsche Fußball-Bundesliga einen Zuschauerrekord von knapp über 9,3 Millionen Menschen; genau doppelt so viel, wie 1995/96 also in die deutschen Fußballstadien pilgerten, interessieren sich – zumindest am Rande – für das New Age, das Neue Bewußtsein.

Viel, viel mehr Leute, als Sie überhaupt vermuten würden, meditieren täglich, sprechen Affirmationen, imaginieren, beten, führen Yoga, autogenes Training, Reiki und vieles andere durch oder beschäftigen sich mit dem I-Ging, dem Tarot oder auch den Runen.

Vor zwanzig Jahren noch taten dies gerade einmal fünf bis sieben Prozent aller Bundesbürger; ein eindeutiger Beweis also für den Vormarsch des Neuen Bewußtseins – nicht nur in Deutschland, sondern auf der ganzen Welt. Im Weltvergleich liegen die Zahlen hier in Deutschland im oberen Mittelfeld. Je mehr Menschen aber diesen Weg gehen, desto größer werden die Chancen, daß Kriege, Leid und Unglücksfälle in der Welt sich vermindern, weil sich durch das Umdenken all dieser Menschen das negative Energiepotential allgemein immer mehr zurückbilden kann. Bereits die Generation der heutigen Kindergartenbesucher wird in 20 bis 30 Jahren eine ganz neue Qualität an Energie- und Denkpotential in unsere Gesellschaft einbringen und der Mutter Erde sowie ihren Mitmenschen viel mehr Achtung und mehr Liebe entgegenbringen.

Wie sehr die junge Generation auf der Suche nach ihrer eigenen Identität ist, zeigt – auch wenn dies auf den ersten Blick gar nicht so aussieht –, der Anstieg der Suchtprobleme überall auf der Welt. Süchte sind nun einmal nichts anderes als eine versuchte Flucht aus der Realität; daß dabei der falsche Weg eingeschlagen wird, dürfte klar sein. Aber zeugen nicht all diese Versuche geradezu von dem riesigen Bedürfnis junger Menschen nach neuen Wegen, einer neuen Orientierung? Was treibt in der Regel die meisten Menschen in die Arme von Alkohol und Drogen? Ist es nicht in Wirklichkeit ein riesiges Defizit an Liebe und Verständnis und ein Ansteigen von Lebensangst, Haltlosigkeit, Streß, Erfolgsdruck und mangelnder Bereitschaft, sich den Problemen des Lebens zu stellen?

• Alarmzeichen

Doch nicht nur die sich ausbreitenden Süchte in der jungen Generation sind ein Anzeichen dafür, daß es so mit uns und unserer Welt nicht mehr weitergehen kann und daß das Leben neu überdacht und neu definiert werden muß.

Falls Sie einwenden, daß Süchtige trotz allem ja nur ein kleiner Teil unserer Gesellschaft sind, denken Sie in diesem Zusammenhang bitte auch an unsere neuen sogenannten Zivilisationskrankheiten wie Herzinfarkte, Hirninfarkte, Herzkreislaufkrankheiten, Aids, Krebs und Ebolavirus. Sind nicht auch sie direkte Auswirkungen eines Lebens in einer Gesellschaft, deren Werte offen angezweifelt werden müssen? Kann es wirklich der Sinn unseres Lebens sein, Geld anzuhäufen, Konkurrenten aus dem Feld zu schlagen – mit welchen Mitteln auch immer – und Macht auf andere auszuüben?

• Der Hintergrund von Krebs

Thorwald Detlefsen schreibt dazu in seinem übrigens sehr empfehlenswerten Bestseller „Krankheit als Weg" (Goldmann Verlag, München):

„Es ist kein Zufall, daß unsere Zeit so stark unter Krebs leidet, so versessen ihn bekämpft und dabei so erfolglos ist (Untersuchungen des amerik. Krebsforschers Hardin B. Jones haben ergeben, daß die Lebenserwartung unbehandelter Krebspatienten höher zu sein scheint als die behandelter Patienten!) Die Krebskrankheit ist Ausdruck unserer Zeit und unseres kollektiven Weltbildes. Wir erleben in uns als Krebs nur das, was wir selbst ebenfalls leben. Unser Zeitalter ist gekennzeichnet durch die rücksichtslose Expansion und Verwirklichung der eigenen Interessen. Im politischen, wirtschaftlichen, religiösen und privaten Leben versuchen die Menschen, ihre eigenen Ziele und Interessen ohne Rücksicht auf (morphologische) Grenzen auszubreiten, versuchen, überall Stützpunkte ihrer Interessen zu gründen (Metastasen) und nur ihre eigenen Vorstellungen und Ziele gelten zu lassen, wobei man alle anderen in den Dienst des eigenen Vorteils stellt (Schmarotzerprinzip).

Wir argumentieren wie die Krebszelle. Unser Wachstum gedeiht so schnell, daß auch wir mit der Versorgung kaum noch nachkommen. Unsere Kommunikationssysteme sind weltweit ausgebaut, doch die Kommunikation mit unserem Nachbarn oder Partner will uns immer noch nicht gelingen. Der Mensch hat Freizeit, ohne etwas damit anfangen zu können. Wir produzieren und vernichten Nahrungsmittel, um damit Preise zu manipulieren; wir können bequem die ganze Welt bereisen, aber wir kennen uns selbst nicht. Die Philosophie unserer Zeit kennt kein anderes Ziel als Wachstum und Fortschritt; man arbeitet, experimentiert, forscht – warum? Um des Fortschritts willen? Welches Ziel hat der Fortschritt? Noch mehr Fortschritt! Die Menschheit ist auf einem Trip ohne Ziel; sie muß sich deshalb immer neue Ziele setzen, um nicht zu verzweifeln. Die Blindheit und Kurzsichtigkeit der Menschen unserer Zeit steht der Krebszelle in nichts nach. Um die wirtschaftliche Expansion voranzutreiben, benutzte man jahrelang die Umwelt als Nährboden und „Gast"-Wirt, um heute mit „Erstaunen" festzustellen, daß der Tod des Gast-Wirts auch den eigenen Tod beinhaltet. Die Menschen betrachten die ganze Welt als ihren Nährboden: Pflanzen, Tiere, Rohstoffe. Alles ist einzig und allein dafür da, daß wir uns grenzenlos über die Erde ausbreiten können.

Woher nehmen Menschen, die sich so verhalten, den Mut und die Unverfrorenheit, sich über den Krebs zu beschweren? Er ist doch lediglich unser Spiegel, er zeigt uns unser Verhalten, unsere Argumente und auch das Ende dieses Weges.

Krebs braucht nicht besiegt zu werden, er muß nur verstanden werden, damit auch wir verstehen lernen. Daß die Menschen doch immer ihre Spiegel zertrümmern wollen, wenn ihnen ihr Gesicht nicht gefällt! Die Menschen haben Krebs, weil sie Krebs sind.

Dem ist von meiner Seite nichts mehr hinzuzufügen.

• Die Kruzifix-Diskussion

Hat aber nicht gerade die Kruzifix-Diskussion 1995 in Bayern sehr deutlich aufgezeigt, wie sehr wir die Religion in ihrer ursprünglichen Bedeutung auf ein Symbol, namentlich das Kreuz, reduziert haben? Obwohl wir uns ständig rühmen, das Land der freien Meinungsäußerung zu sein, bekämpfen wir verbissen und haßerfüllt Andersdenkende und klammern uns an dieses Symbol, obwohl der Betroffene – Jesus Christus selbst – wahrscheinlich erschreckt die Hände über dem Kopf zusammenschlagen würde ob der Heuchelei und der Selbstsucht, die in Wirklichkeit hinter einem solchen Vorgehen steckt! Hier halte ich es mit Friedrich Nietzsche und seinem bekannten Ausspruch: „Der Himmel verschone uns vor diesen Christen!"

Wenn wir nicht alle schleunigst damit beginnen, ein neues Bewußtsein gegenüber uns Menschen und der Natur zu entwickeln, so richten wir uns mit der Zeit alle nur selbst zugrunde.

Ein neues Bewußtsein zu entwickeln heißt, den Sinn des Lebens wiederzufinden, wieder in sich hineinhören zu lernen, Intuition zu reaktivieren, Streß und Hektik nicht nur abzubauen, sondern ganz zu vermeiden und die selbst erschaffenen Begrenzungen gegenüber der eigenen Person und anderen einzureißen und aufzulösen.

• Ulrike

Wie schnell wir uns aus diesem selbst angelegten Gefängnis aber auch wieder befreien können, wenn wir dies wirklich wollen, zeigt das Beispiel einer bemerkenswerten jungen

Dame aus den neuen Bundesländern, die sich im Februar 1995 zu einem Drei-Tages-Aktiv-Seminar bei mir anmeldete.

Als ich Ulrike zum ersten Mal sah, war sie nicht einmal in der Lage, mich oder einen anderen aus der damaligen Seminargruppe überhaupt auch nur anzusehen. Sie saß völlig verschüchtert mit hängenden Schultern und den Blick gen Fußboden gerichtet da. Ich bewunderte damals ehrlich gesagt ihren Mut, sich überhaupt für ein solches Seminar anzumelden.

Vorausgegangen war im Januar 1995 ein Brief von Ulrike, den ich gerne zum besseren Verständnis voranschicken möchte:

„... vielleicht muß ich nun erst einmal etwas über mich erzählen. Ich bin ein DDR-Kind, Jahrgang 1960. Nachdem ich vier Jahre lang bei meinen Großeltern lebte, mußte ich zu meiner Mutter ziehen, die damals gerade frisch geschieden war und ihren ganzen Unmut an mir ausließ. Ich war menschenscheu, total verängstigt, ich habe kaum mit jemandem geredet, ich war sozusagen pflegeleicht. Als ich elf Jahre alt war, starb mein Opa siebenundfünfzigjährig. Mein Opa, der einzige Mensch auf der Welt, den ich abgöttisch liebte. Ich habe damals nicht geweint – und Lob dafür geerntet! Ein Jahr später heiratete meine Mutter wieder. Noch ein Jahr später wurde sie krank; sie war vierzehn Tage bewußtlos – ich hätte nicht um sie geweint, wenn sie gestorben wäre. Ich weiß, daß das sehr hart klingt, aber es entspricht den Tatsachen.

Schon damals hatte ich depressive Phasen. Ich fand mich häßlich, zu dick, dumm (und das, obwohl ich Klassenbeste war), abscheulich, und, und, und. Und ich war noch genauso verschlossen und scheu wie früher. Nach der elften Klasse ging ich zur Arbeiter- und Bauernfakultät nach Halle, um dort mein Abitur zu machen und mich gleichzeitig auf ein

Auslandsstudium vorzubereiten. Der wahre Grund dafür war der, daß ich es zu Hause nicht mehr aushielt, diese ewigen Streitereien, das häßliche Gezänk, denn im Endeffekt war sowieso immer ich an allem schuld. Aber zu den Depressionen, die ich damals schon ganz massiv hatte, ohne es allerdings zu wissen (für mich war das alles ganz normal), bekam ich dann auch noch körperliche Beschwerden. Ich kippte immer um, wenn die Angst besonders groß war. Ein Arzt riet mir damals, das Studium aufzugeben, was ich auch tat.

Nun lebte ich wieder bei meinen Eltern und arbeitete – ohne Abitur und ohne Berufsausbildung – im Tagebau als Maschinist. Ich machte zwar in der Abendschule noch meinen Facharbeiter, fühlte mich aber trotzdem wie der „letzte Dreck".

Am 12.12.79 konnte ich dann nicht mehr, Selbstmordversuch! Ich landete auf der geschlossenen Station einer Nervenklinik. Ganze vier Monate lang sagte ich nicht mehr und nicht weniger als ‚Guten Morgen', ‚Guten Appetit' und ‚Gute Nacht' zu meinen Mitpatienten. Mit Ärzten oder Schwestern redete ich überhaupt nicht. Heute glaube ich, daß in mir so unheimlich viel Mißtrauen war, daß ich einfach nicht reden konnte. Mir wurde gesagt, ich hätte Depressionen, wahrscheinlich sogar endogene.

• Die Flucht in eine Beziehung

Dann lernte ich einen jungen Mann kennen, der das gleiche Hobby hatte wie ich (Geologie). Er interessierte sich für mich oder für meine Steine. Das war mir damals ziemlich egal. Ich redete mir ein, ihn zu lieben. Ein anderer hätte sich ja sowieso nicht für mich interessiert. 1980 begann ich dann in der Fachschule in Freiberg Geologie zu studieren. Ein Jahr später kam dann mein Freund noch dazu. Ich mußte allerdings mein Studium wieder aufgeben, weil ich wieder ständig umkippte und einfach nicht in der Lage war, an den Vorlesungen teilzunehmen.

Nach unserer Hochzeit 1982 begann ich als Gesteinsschleiferin zu arbeiten. Als mein Mann mit dem Studium fertig war und unser erstes Kind geboren war, zogen wir nach Gera. Ich wollte gerne bei meinem Kind bleiben, aber mein „Göttergatte" wollte, daß ich arbeiten gehe. Unser Sohn mußte deshalb schon mit acht Monaten in die Kinderkrippe. Ich arbeitete als geologische Zeichnerin im Bergbau. Eine Arbeit zum Einschlafen; nebenbei machte ich an der Volkshochschule noch mein Abitur nach. „Mit Auszeichnung" übrigens, worauf ich natürlich mächtig stolz gewesen wäre, wenn nicht mein Mann in dieser Zeit Haushalt und Kind versorgt hätte.

Dann kam unser zweiter Sohn zur Welt, und bald darauf fing ich an, als Operator und Programmierer im Bergbau zu arbeiten. Wir mußten uns damals erst alle an den für uns an eine Art Weltwunder grenzenden DDR-Computer einarbeiten. Als ich dann endlich wußte, wie das Programmieren geht, zogen wir wieder um, diesmal in meine alte Heimatgemeinde. Mein Mann fing in einer Betriebsberufsschule als Lehrmeister an zu arbeiten und ich als Lehrausbilder.

Mir ist heute noch unklar, wie ich diese Zeit überstanden habe. Ich mußte acht Stunden am Tag vor zehn bis zwanzig Lehrlingen reden! Dann wurde mein Mann auch noch mein Vorgesetzter, und irgendwie war das dann der Punkt, an dem ich mir gesagt habe: Das hat alles keinen Sinn. Wozu hast Du nur geheiratet? Um Kinder zu kriegen? Um immer zu Hause bleiben zu müssen, wenn er mit seinen Freunden Steine suchen geht und in alten Bergwerken herumklettert? Ich wollte alleine leben, alleine mit meinen Kindern, aber die Angst davor war so riesig groß, daß ich von mir aus nie den ersten Schritt gewagt hätte. 1991 bekamen wir dann beide unsere Kündigung, weil die Schule geschlossen wurde. Mein Mann stopfte mich noch in eine Umschulung (deren Prüfungen ich nicht bestand); kurz darauf sagte er mir, daß er eine Freundin habe und daß wir uns trennen müßten. In meinem Kopf herrschte ein unheimliches Chaos, wie Sie sich sicher denken können.

Im Jahr 1992 zog ich dann mit den Kindern aus; zu diesem Zeitpunkt begann ich zu essen, ja regelrecht zu fressen. Genauso, wie ich das schon mit 16 oder 17 gemacht hatte, bis ich meinen Mann kennenlernte. Und das Schlimme war, ich konnte absolut nichts dagegen tun, ich fühlte mich total hilflos. Da fiel mir das Buch von Renate Göckl „Endlich frei vom Eßzwang" in die Hände, und ich wußte auf einmal: Ich bin süchtig!

Das war natürlich ein Schock. Es dauerte noch ein paar Monate, bis ich endlich den Mut aufbrachte, zu meinem Hausarzt zu gehen. Dieser überwies mich sofort zur Psychotherapeutin, die mich auch bald zur Therapie ins Krankenhaus holte. Ich war elfeinhalb Wochen dort zur Einzeltherapie. Meine Therapeutin war wirklich große Klasse, aber es fiel mir so unendlich schwer, über mich zu reden, über das, was mich bewegt. Dann war ich sieben Monate zu Hause und bei ihr weiter ambulant in Behandlung, und dann folgten die sieben schlimmsten Wochen meines Lebens – eine Gruppentherapie. Und ich konnte wieder nicht reden, ich fühlte mich aber nicht, wie sonst immer, abseits gestellt. Und das war eine ganz neue Erfahrung für mich. Na ja, und dann fiel mir Ihr Buch in die Hände …

• Es war nicht einfach

Nachdem ich in den ersten Stunden schon fast befürchtete, Ulrike würde ihren Panzer überhaupt nicht aufmachen, stellte ich nach und nach fest, daß sie alle Übungen innerhalb des Seminars sehr gewissenhaft mitmachte. Bereits am zweiten Seminartag war es eine Freude zu beobachten, wie offen und zugänglich sie geworden war. Am Ende dieser drei Tage bedankte sie sich dann bei meinen Therapeuten und mir, und Anfang Mai erhielt ich einen weiteren Brief von ihr:

„Lieber Peter, ich muß Dir heute ganz einfach gleich schreiben und mich nochmals bei Dir und Deinem Team herzlich für das Seminar bedanken. Weißt Du, ich habe einfach noch nie etwas Ähnliches erlebt, noch nie einen solchen Zusammenhalt von Menschen, die sich gar nicht kennen. Das war ganz phantastisch für mich.

Ich hatte heute allerdings Probleme, wieder in meinen „Alltag" hineinzufinden, aber ich denke, ich werde das schaffen, auch wenn ich jetzt wieder richtig arbeitslos bin. Vielleicht gelingt es mir, und ich genieße die Zeit, die mir ja nun für meine Kinder bleibt.

• Oft kommen die Ängste wieder zurück

Weißt Du, was Du mir über Ursache, Wirkung und Vertrauen am ersten Abend gesagt hast, das waren genau die richtigen Worte zur richtigen Zeit. Ich habe ganz mächtig durchgehangen an diesem Tag. Ich bin total kopflastig, das habe ich ganz deutlich beim Seminar gemerkt, und die ganzen

Ängste, von denen ich glaubte, daß ich sie überwunden habe, sind auch wieder dagewesen. Die Angst zu tanzen, mich vor anderen zu bewegen, war am Anfang ganz schlimm. Die Ursachen dafür liegen sicher in meiner Kindheit, aber das soll keine Entschuldigung sein. Auch die Hemmungen, auf andere zuzugehen, mit anderen zu sprechen. Du hattest schon recht, als Du mir geschrieben hattest, das Seminar würde mir bestimmt weiterhelfen. Am schlimmsten war wohl die Angst bei mir, als „Ossi" total abgestempelt zu sein und sofort als solcher erkannt zu werden. Ich habe während meiner Umschulung ziemlich schlimme Erfahrungen machen müssen mit Leuten aus dem Westen. Aber wahrscheinlich nur deshalb, weil der Westen für mich von Kindheit an „Klassenfeind" war und ich gar nichts anderes erwartet hatte. Überhaupt habe ich erst beim Lesen Deiner Bücher angefangen, die Wende bewußt aufzuarbeiten. Das war ein Prozeß, der sehr, sehr weh tat, aber unbedingt notwendig war und mich auch ein ganzes Stück weitergebracht hat. In einem Deiner Bücher hast Du von dem Prozeß geschrieben, der sich bei uns im Osten vollzogen hat. Schon vorher war mir – ziemlich oft sogar – ein „der spinnt ja!!!" (entschuldige, aber das war so) über die Lippen gekommen. Aber als ich an besagter Stelle ankam, flog das Buch gleich in die nächste Ecke. Mit Büchern gehe ich normalerweise anders um. Ein paar Tage später habe ich das Kapitel wieder und immer wieder gelesen, habe versucht, mich auf Deinen Standpunkt zu stellen und die Dinge so zu sehen wie Du. Inzwischen bin ich überzeugt davon, daß Du recht hast.

• Unter den Teppich kehren

Weißt Du, ich habe mit ganzem Herzen für diesen Staat gelebt, für diese Ideen, die die einzig richtigen für mich waren. Die Tatsache, daß fünfzig Prozent der Arbeiter in dem Tagebau, in dem ich arbeitete, ständig betrunken waren und alles, nur nicht die Arbeit im Kopf hatten, hatte ich fein säuberlich unter den Teppich gekehrt, so wie ich es gewohnt war. Ich war auch in der SED, nicht ganz freiwillig zwar, aber das lag nur daran, daß ich Angst hatte, Verantwortung zu übernehmen. Als das dann mit der Wende losging, war das wirklich der totale Weltuntergang für mich. Ich weiß nicht, ob Du das verstehen kannst, ich habe innerlich alle Leute für verrückt erklärt, die auf die Straße gegangen sind oder die „ausgereist" waren. Das Leben war damals total sinnlos für mich geworden, aber zum Glück hatte ich da schon meine Kinder, so daß ich mir nichts antun konnte. Ich bin mir sicher, daß sonst alles zu spät gewesen wäre. Meine Eltern waren Ostern bei uns und haben den ganzen Tag lang nur rumgemeckert und die Ex-DDR in den Himmel gehoben. Ich war richtig erschrocken, als mir bewußt wurde, daß auch ich einmal so war. Aber natürlich bin ich auch froh, jetzt nicht mehr so zu sein. Im Grunde genommen habe ich das Dir und dem Neuen Bewußtsein zu verdanken.

Ich habe das unwahrscheinliche Talent anerzogen bekommen, alles, war mir nicht paßt und mir nicht gefällt, unter den berühmten Teppich zu kehren. Nur war inzwischen der Platz zwischen Teppich und Decke zu klein geworden. Ich konnte nicht mal mehr liegen, und da kamen Deine Bücher natürlich gerade richtig.

Ich glaube auch, daß mein Problem, immer weniger Geld zu haben, als ich eigentlich brauchen würde, auch irgendwie mit dieser Thematik zusammenhängt. Die Reichen waren die Ausbeuter, die den Armen das Letzte genommen haben. So

*haben wir es jahrelang in der Schule gehört, und brav wie
ich war, habe ich das auch geglaubt. Als wir in der 11. Klasse dann Philosophie hatten, schoß mir allerdings mal der für
mich unheimlich aufrührerische Gedanke durch den Kopf:
‚Und was ist, wenn die sich nun alle irren, wenn es das, was
wir sehen, was wir wahrnehmen, in Wirklichkeit gar nicht
gibt, wenn wir uns das alles nur einbilden?‘ Aber natürlich –
typisch ich – ließ ich es dabei auch bewenden. Vielleicht ver-
stehst Du mich jetzt ein bißchen besser. Ich glaube auch, daß
es hier bei uns im Ort nicht vorwärts, sondern eher rückwärts geht, liegt nur daran, daß die Menschen, die hier noch
wohnen, eben solche Mangelgedanken haben. Sehr viele sind
Alkoholiker, arbeitslos sowieso, na ja, und was daraus wird,
kannst Du Dir sicherlich vorstellen. Jeder, der hier wegkann,
zieht weg. Ich würde auch gerne, weiß aber „noch" nicht,
wie ich woanders, möglichst in der Nähe einer Großstadt, zu
einer bezahlbaren Wohnung kommen könnte. Na ja, ich muß
mir Zeit geben und nicht wieder mit dem Kopf durch die
Wand gehen. Vielleicht höre ich auch irgendwann einmal etwas von meiner inneren Stimme; irgendwie klappt das im Augenblick noch nicht so richtig bei mir, aber das wird auch
noch, da bin ich mir jetzt – nach dem Seminar – ganz sicher."*

• Es geht aufwärts

Im Mai-Seminar, also etwa drei Wochen nach diesem Brief,
machte Ulrike dann ganz gewaltige Fortschritte. Von der ersten Minute an bemerkte ich, daß sie auch anderen Teilnehmern plötzlich in die Augen schauen konnte. Völlig „von
den Socken" waren wir aber alle Ende Juni, als sie zum dritten Mal bei uns war. Wir waren überrascht, welche Selbstsi-
cherheit sie inzwischen ausstrahlte. Die Luft blieb uns allen

am letzten Tag fast weg, als Ulrike am Ende des Seminars zu
mir nach vorne kam und, ohne zu zittern oder in irgendeiner
Form nervös zu sein, das Mikrofon ergriff, um den etwa
dreißig Seminarteilnehmern ihre Geschichte zu erzählen
und um Ihnen damit Mut zu machen, auch auf ihrem jetzt
eingeschlagenen neuen Weg weiterzumachen.

Ulrike ist eines der positivsten Beispiele, wie man Sucht,
Minderwertigkeitsgefühle und Depressionen loslassen und
wieder zurück ins Leben finden kann – aber auch ein Beispiel dafür, daß man dies nicht nur wollen, sondern sich
auch erarbeiten und vor allem zulassen muß.

• Die Grille und die Spinne

Apropos zulassen: Was glauben Sie, wie viele Menschen,
aber auch Unternehmen nur deshalb scheitern, weil sie
schlicht und ergreifend Erfolg einfach nicht zulassen können? Auf einen Erfolg hinzuarbeiten heißt nämlich, ihn als
solchen bereits geistig in Empfang genommen zu haben und
nicht etwa, nur auf ihn zu hoffen. Probleme, die auftauchen,
dürfen niemals das Ziel in Frage stellen; im Gegenteil, sie
sollten als zum Ziel führende Herausforderung angesehen
und auch so behandelt werden. Wenn Sie sich vielleicht gerade jetzt in diesem Moment mit einem schwierigen Problem herumschlagen müssen, dann schreiben Sie sich folgende kleine Parabel am besten gleich ab, und lesen Sie sie
täglich zehn bis zwanzig Mal oder stellen Sie sie auf Ihren
Schreibtisch.

Eine Grille sah einer Spinne zu, die emsig beschäftigt war,
ihr halbzerstörtes Netz wieder herzurichten. „Welch unnüt-
zer Eifer", sagte die Grille, „denn schon der nächste Wind-

stoß wird dein Werk von neuem beschädigen, der nächste
Regenguß es vielleicht völlig zerstören." – „Möglich", antwortete die Spinne, „aber wenn wir jede Arbeit unterließen,
nur weil wir wissen, daß unser Werk der Vergänglichkeit un-
terworfen ist – was meinst du, was unser aller Schicksal wäre?" *(Wilhelm Scharrelmann)*

• **Wie sehen Sie sich selbst?**

Was haben Sie eigentlich tief in Ihrem Inneren für eine Meinung von sich selbst? Und wie würden Sie sich anderen
gegenüber beschreiben? Wenn Sie diese zwei Fragen vollkommen aufrichtig beantworten, dann wissen Sie auch ganz
schnell, wo Sie mit Ihrer geistigen Arbeit ansetzen müssen.
Sie sollten von sich selbst nämlich eine sehr hohe Meinung
haben – nur dann kann ein Fremder auch eine hohe Meinung
von Ihnen bekommen. Wenn Sie sich nicht selbst lieben und
annehmen können, wie um alles in der Welt soll Sie denn
dann jemand anderer lieben und annehmen können? Sie
können nämlich niemals etwas geben, was Sie selbst nicht
haben. Da das Leben nichts anderes als ein ständiges Geben
und Nehmen ist, können Sie logischerweise auch nichts bekommen, wenn Sie zuvor nichts geben konnten. Wenden Sie
sich deshalb an Ihre Göttlichkeit, an Ihre innere Kraft, die all
dies, was Sie glauben, nötig zu haben, in Ihnen entfalten und
Ihnen zur Verfügung stellen kann.
  Sie, und nur sie – diese geistige Kraft in Ihrem Inneren –
hat Ihren Körper erschaffen; wenden Sie sich deshalb mit allem, was Sie in Ihrem Leben gerne erreichen beziehungsweise erhalten wollen, direkt an diese – Ihre innere – Göttlichkeit.
  Die Einheitsweltformel aller – ich wiederhole: aller – bekannten alten Kulturen lautet: „Geist und Körper sind eines,

aber Materie entsteht ausschließlich aus Geist." In den vor mehr als achttausend Jahren in Indien verfaßten Veden ist unter anderem der Satz zu finden: „Wenn Gott mich reich geschaffen hat, weshalb sollte ich dann arm sein?" Paulus sagte: „Gott hat Dir alle Dinge reichlich gegeben, damit Du sie genießen sollst!", und Jesus meinte: „Ich bin gekommen, daß ihr das Leben und volle Genüge haben sollt." „Gott hat es euch in sich vervielfältigenden Mengen gegeben, denn Gott multipliziert immer großzügig; es hängt allerdings vom Boden ab, in den der Same gelegt wird." Und wenn Sie einen steinigen, mit Disteln, Dornen und allerlei Unrat übersäten Boden in Ihrem Unterbewußtsein zu beackern haben, wenn Sie also von Zweifeln, Ängsten, Haß, Wut und Ressentiments anderen gegenüber beherrscht werden, dann kann der beste Same darin nun einmal nicht aufgehen.

Alleine die unzähligen Briefe, die mich immer wieder nach unseren Aktiv-Seminaren erreichen (in denen wir drei Tage lang den Menschen helfen, ihren größten Unrat im Geist zu beseitigen), würde ausreichen, um mehrere Bücher zu füllen. Viele unserer Teilnehmer halten oft die Ergebnisse, die sie im Anschluß an ein solches Seminar erreichen, für „Wunder", dabei ist es nichts anderes als ein systematischer Selbstreinigungsprozeß, der einem die Augen öffnet und den Menschen einen neuen Eindruck davon vermittelt, welch reiche und wunderbare Schatzkammer sie tief in sich selbst beherbergen, und daß nur sie ganz allein den Schlüssel in der Hand halten, um diese Schatzkammer damit jederzeit öffnen zu können.

Kapitel 12

Fehleinschätzungen
Falsche Erwartungshaltung
Informationsdefizit
Wissenschaft und Neues Bewußtsein
Der Physiker
Noch Fragen?
Neues für die Kinder
Pauli und die Wunschmaschine

• Fehleinschätzungen

Wir alle, die wir hier auf der Erde in einem grobstofflichen Körper leben, befinden uns mitten in einem riesigen Prozeß der Selbstfindung und Selbstklärung. Aus diesem Grund kann es zumindest hier in der westlichen Welt niemanden geben, der vollkommen und perfekt ist – der Papst ebensowenig wie ein Kardinal, ein Sektenführer, Therapeut oder Buchautor. Alle befinden sich auf ihrem ureigenen selbst gewählten Weg und haben diesen zu gehen. Was glauben Sie, wie oft ich selbst mit solchen Klärungsprozessen kämpfe, von denen ich zwar weiß, daß sie notwendig sind, die mich aber trotzdem oft treffen wie ein Keulenhieb? Ich selbst, genauso wie Monika Junghanns, die wir diese Zusammenhänge zu lehren versuchen, werden natürlich entsprechend gefordert, aber allein dadurch, daß wir selbst viel tiefer in diese Klärungsprozesse hineingehen müssen, um überhaupt dafür qualifiziert zu sein, große Gruppen fachkompetent führen zu können, ist auch unser Lernprozeß von eminenter Wichtigkeit – nicht nur für uns selbst, sondern auch für unsere Teilnehmer.

Hochinteressant ist dabei allerdings, daß die Herausforderungen, seien sie gesundheitlicher, finanzieller, partnerschaftlicher oder wie auch immer anderweitig gelagerter Art, in der Regel zu solchen Zeiten stattfinden, in denen wir nicht gerade unsere Kraft für die Seminare benötigen. Auch dies ist für uns beide ein Zeichen, daß unsere innere Führung sehr genau weiß, was wo und wann zu tun ist.

• Falsche Erwartungshaltung

Es passiert leider immer wieder, daß Menschen, die ein oder zwei Bücher über das positiv-konstruktive Denken gelesen haben, meinen, wir Trainer und Autoren würden, was die täglichen Anfechtungen des Lebens betrifft, längst jenseits von gut und böse sein, nur weil wir darüber schreiben oder sprechen.

Als ich vor Wochen zu einem Anrufer sagte, er könne noch kurzfristig in ein zwei Tage später stattfindendes Seminar einsteigen, weil wenige Minuten vor seinem Anruf zwei Teilnehmer wegen Krankheit per Fax absagen mußten, antwortete er mir: „Das finde ich einerseits zwar gut, weil ich ein solches Seminar dringend brauche; andererseits bin ich erstaunt, daß Ihnen so etwas überhaupt noch passiert. Unter diesen Umständen überlege ich mir, ob ich bei Ihnen überhaupt an der richtigen Stelle bin!" Klack, aufgelegt.

Ich legte ebenfalls – allerdings etwas amüsierter als mein Anrufer – den Hörer auf, denn da bleibt auch mir manchmal ganz einfach „die Spucke weg".

• Informationsdefizit

Ein weiterer Irrtum, dem nicht wenige unterliegen, besteht in der Annahme, daß alle die, die etwas mit Meditation und Bejahung am Hut hätten, automatisch Sektierer und im speziellen Scientologen sein müßten.

Ist es aber nicht ein großes Armutszeugnis für unsere gesamte Medienlandschaft, daß jedes Kind heute zwar weiß, welche Kriegsparteien sich in Bosnien oder Tschetschenien gegenüberstehen, aber von einfachsten Lebenshilfepraktiken, die normalerweise als Hauptfach in die Grundschule gehören, noch nie etwas gehört haben?

• Wissenschaft und Neues Bewußtsein

Dennoch bin ich überzeugt davon, daß gerade der Bereich des Neuen Bewußtseins langfristig weder von den Medien totgeschwiegen noch in seiner Entfaltung aufgehalten werden kann.

Wie gerade die oft so steife und starre Wissenschaft in Sachen „Leben nach dem Tode" mehr und mehr dazu bereit ist, sich zu öffnen, zeigt unter anderem das empfehlenswerte neue Buch des Wirtschaftsjournalisten und Bestsellerautors Ernst Meckelburg „Hyperwelt" (Herbig Verlag, München). Darin kommt der Autor zu folgendem Zwischenfazit: *„Es erscheint geradezu widersinnig, anzunehmen, daß unser unabhängiges Gehirn und – da immateriell – unzerstörbares Bewußtsein, das schon zu Lebzeiten mit einer Realität höherer Ordnung – eben jener Hyperwelt – verbunden ist, beim Erlöschen der Körperfunktionen zugrunde geht. Die in diesem Buch beschriebenen mannigfaltigen Manifestationen „Jenseitiger", mit denen wir auf Bewußtseinsebene innig verbunden sind, lehren uns, daß es tatsächlich eine Welt „da draußen" und ein „Nachher" gibt, daß wir als Bewußtseinswesen ewig existieren und der „totale Tod" ein tragischer Irrtum ist."*

Weiter schreibt Meckelburg: „Das Gros der mit konventionellem Wissen vollgestopften Technokraten tut sich auch heute noch schwer, grenzwissenschaftliche Phänomene zu untersuchen, Sonderleistungen des menschlichen Bewußtseins so zu akzeptieren, wie sie sich uns nun einmal darbie-

*ten – nur weil sie nicht den gewohnten wissenschaftlichen
Konventionen entsprechen. Schubladen-Denken aber wird
uns nicht weiterbringen, muß zwangsläufig in eine Sackgas-
se münden.*

*... Aufklärung tut not, um den Sumpf okkulter Halbwahr-
heiten auszutrocknen. Die Realität ist phantastischer, als wir
denken."*

• Der Physiker

Als nächstes möchte ich Sie mit einigen Auszügen aus dem
Buch „Wendezeit" des amerikanischen Physikers Friedjof
Capra, erschienen im DTV Verlag, München, konfrontieren,
in denen sich Capra ebenso trocken wie streng wissen-
schaftlich mit dem Themenkreis „Die Macht der Gedanken"
beschäftigt. Dort lesen wir:

*„Die Vorstellungen von nicht lokalen Zusammenhängen
und statistischer Kausalität besagen sehr klar, daß Materie
keine mechanische Struktur hat. Da ist der Ausdruck
„Quantenmechanik" eindeutig eine Fehlbenennung, wie
David Bohm aufgezeigt hat. In seinem 1951 erschienenen
Lehrbuch der Quantentheorie zieht Bohm interessante Ver-
gleiche zwischen Quantenvorgängen und Denkvorgängen,
womit er die zwei Jahrzehnte zuvor von James Jeans getrof-
fene berühmte Feststellung noch erweiterte: „Heute besteht
ein großes Maß an Übereinstimmung, daß der Strom unserer Erkenntnis sich in Richtung einer nicht-mechanischen
Wirklichkeit bewegt; das Universum beginnt mehr wie ein
großer Gedanke denn wie eine große Maschine auszusehen.*

*... das entscheidende Kennzeichen der Quantentheorie
ist, daß der Beobachter nicht nur notwendig ist, um die Eigenschaften eines atomaren Geschehens zu beobachten,*

sondern sogar notwendig, um diese Eigenschaften hervor-
zurufen. Meine bewußte Entscheidung, wie ich beispielswei-
se ein Elektron beobachten will, wird bis zu einem gewissen
Maße die Eigenschaften des Elektrons bestimmen.

...Wir können niemals von der Natur sprechen, ohne gleich-
zeitig von uns zu sprechen.

...Die von den Wissenschaftlern in der Natur beobachteten
Strukturen sind aufs engste mit den Strukturen ihres Be-
wußtseins verbunden, mit ihren Vorstellungen, Gedanken
und Werten. Auf diese Weise werden die von ihnen erzielten
wissenschaftlichen Ergebnisse und die von ihnen erforsch-
ten technologischen Aufwendungen durch ihren Bewußt-
seinszustand konditioniert.

...Diese Verantwortung ist in vielen modernen Wissenschaf-
ten zu einem bedeutenden Thema geworden. Das gilt ganz
besonders für die Physik, in der die Ergebnisse der Quan-
tenmechanik und der Relativitätstheorie den Wissenschaft-
lern sehr unterschiedliche Wege erschlossen haben.

„Sie können uns – einmal extrem ausgedrückt – zu Buddha
oder zur Bombe führen, und es ist die Verantwortung eines
jeden einzelnen, zu entscheiden, welchen Weg er gehen
will.''

• Noch Fragen?

Ist es nicht fabelhaft, wie sich selbst die sogenannten seriösen Wissenschaften ganz allmählich aus ihren teilweise völlig verkrusteten Positionen zu lösen beginnen, um sich – zugegeben langsam und vorsichtig, aber immerhin – auf ein
völlig neues Weltbild einzulassen?

Die nächsten Jahrzehnte werden mit Sicherheit revolutionäre Umwälzungen auf vielen Gebieten unseres Lebens mit sich bringen, und die Mehrzahl der Menschen wird dieser Prozeß geradezu „aus allen Wolken fallen" lassen. Unser angebetetes Götzenbild des „Materialismus", der sich zwischenzeitlich in vielen westlichen Ländern, zu einer Art Ersatzreligion aufgeschwungen hat, wird nicht nur stark ins Wanken geraten, sondern eines Tages geradezu von seinem goldenen Sockel gefegt werden.

Durch positiv-konstruktives Denken und ein „Sich-Öffnen" für diese neuen Bewußtseinsstrukturen schützen Sie sich aber sehr wirksam davor, ebenso unvorbereitet von diesen kommenden Ereignissen – die der Welt eine neue, bessere Qualität in allen Bereichen bringen werden – erschüttert zu werden.

• Neues für die Kinder

Viele meiner Leser, aber auch Seminarteilnehmer, die diese Entwicklungen ebenfalls voraussehen, fragen mich immer wieder, wie sie denn am besten ihre Kinder mit diesem Neuen Bewußtsein vertraut machen und für eine neue Weltsicht öffnen können. Leider mußte ich bisher in diesem Bereich mangels eigener Information passen. Zum Abschluß dieses Kapitels möchte ich Ihnen deshalb nun ein erst kürzlich auf dem Markt erschienenes und höchst empfehlenswertes Buch für Kinder und Jugendliche bis zum Lebensalter von etwa 14 Jahren vorstellen.

• Pauli und die Wunschmaschine

Vor etwa einem Jahr erhielt ich von einem jungen Mann aus Österreich, namens Toni Traschitzker, ein Manuskript für ein Kinderbuch mit dem Titel „Pauli und die Wunschmaschine" zugeschickt. Ich nahm mir ein paar Tage später die Zeit, es zu lesen, und war sofort begeistert. Dieses Buch beinhaltet nämlich genau das, was ich seit Jahren schon auf dem Markt vermisse: eine für Kinder aller Altersklassen verständliche Darstellung des positiv-konstruktiven Denkens, verpackt in eine spannende und amüsante Geschichte.

Der Autor beschreibt darin, wie ein Schüler, der von seiner Mutter beauftragt wurde, eine alte Kaffeemühle zu entsorgen, diese als „Wunschmaschine" für zwanzig Schilling an einen kleineren Jungen verkauft. Der Junge namens Pauli aber glaubte die Geschichte von der sogenannten „Wunschmaschine", die der ältere Freund nur erfunden hatte, um mit der alten Kaffeemühle noch ein wenig Profit zu machen. Prompt ging auch jeder Wunsch, den er aussprach, während er an der Kurbel der Mühle drehte, postwendend in Erfüllung. Mit der Zeit wurde Pauli sozusagen zu einem richtigen „Wunschmeister", und der verblüffte Schulkamerad, der ihn einst mit dem Verkauf der Kaffeemühle nur „ausnehmen" wollte, setzte nun alles daran, selbst wieder in den Besitz dieser „Wunschmaschine" zu kommen.

Soviel in aller Kürze zum Inhalt dieses Kinderbuches, für das der Autor lange Zeit einen Verleger suchte. Zunächst telefonierte ich für ihn mit mehreren Verlagen, allerdings ohne großen Erfolg.

Nach einem halben Jahr erklärte sich Beate Frick, die Inhaberin eines alteingesessenen Pforzheimer Verlages, bereit, „Pauli und die Wunschmaschine" im Herbst 1996 auf den Markt zu bringen.

Ganz egal, ob Sie Ihrem Kind noch vorlesen müssen oder ob es das Buch bereits selbst lesen kann: Es wird auf eine wunderbare Art und Weise, spielerisch mit den Grundzügen des positiv-konstruktiven Denkens vertraut gemacht.

Kapitel 13

Ein Torwart und seine Probleme
Er wurde wieder die Nummer eins
Ja, wenn die Zweifel nicht wären...
Das kann es nicht sein
Das Mißtrauen ablegen
Affirmation und Imagination – Arbeitsanlei-
tung für Ihre persönliche Arbeit –
Die 21-Tage-Regel
Legen Sie mutig los!
Ihnen wünsche ich viel Erfolg!

• Ein Torwart und seine Probleme

Im September 1993 erhielt ich einen Brief von der Frau des Bundesligatorwarts Uwe Zimmermann, der zu dieser Zeit beim VfL Wolfsburg unter Vertrag stand. Sie schilderte mir darin die Schwierigkeiten, in denen sie und insbesondere ihr Mann steckten.

Nachdem der SV Waldhof Mannheim, bei dem Uwe Zimmermann über zwölf Jahre lang Stammtorwart war, aus der ersten Bundesliga abstieg, wechselte er aufgrund eines zu schlechten Angebotes seitens des SV Waldhof zu Fortuna Köln. Bald darauf zwang ihn eine schwere Knieverletzung dazu, acht Monate lang auszusetzen. Aufgrund eines zwischenzeitlichen Trainerwechsels wurde er auch dann, als er bereits wieder fit war, weiterhin auf die „Bank" verbannt. Da Uwe aber Torwart ist und nicht „Bänker" und er sich auch nicht gerne für nichts bezahlen lassen wollte, wechselte er abermals den Verein; diesmal ging er zum VfL Wolfsburg. Gleich nach den ersten zwei Pflichtspielen trat dann erneut die alte Knieverletzung wieder auf, und auch diesmal mußte er wieder, nachdem er die Verletzung überwunden hatte – Duplizität der Ereignisse –, auf der so ungeliebten Ersatzbank Platz nehmen. Nun war guter Rat teuer; Uwe und seine Frau fanden sich nämlich genau an jenem Punkt wieder, an dem sie bereits in Köln schon einmal waren. Sollten sie schon wieder flüchten? Wenn ja, was würde dann aber aus ihrem Sohn, den ein neuerlicher Umzug allein in seiner schulischen Entwicklung stark behindern würde?

In dieser prekären Lage entschloß sich Doris Zimmermann also, mich anzuschreiben und um Rat zu bitten.

Zunächst, antwortete ich ihr, sollten sie beide schnellstens damit aufhören, mit dem Kopf durch die Wand zu wollen, denn auch ein weiterer Umzug würde das eigentlich viel tiefer liegende Problem, welches die Ursache all dieser negativen Umstände bildete, nicht lösen. Wir einigten uns darauf, daß sie – Doris – zunächst alleine zu uns ins Seminar kommen sollte (für Uwe war dies nicht möglich, da er ja an jedem Wochenende Fußball spielte) und daß wir dort ein mentales Programm für ihren Mann zusammenstellen würden, welches er danach einige Monate konsequent durchführen sollte.

• Er wurde wieder die Nummer eins

Keine zwei Monate, nachdem Uwe Zimmermann damit begonnen hatte, die ihm durch seine Frau vermittelten Affirmationen und Imaginationen konsequent anzuwenden, war er dann wieder die unumstrittene Nummer eins im Tor des VfL. Wer sich etwas im Fußball auskennt, ist auch über die weitere Entwicklung Uwe Zimmermanns bis zum Jahr 1994/95 informiert, denn er führte seine Mannschaft in dieser Saison mit wahren Weltklasseleistungen ins deutsche Pokalfinale nach Berlin und gehört heute wieder zur ersten Garde der Top-Torleute in Deutschland.

Im Laufe der Zeit entwickelte sich aber auch seine Frau ganz großartig, und ich bin mir ganz sicher, daß sie schon sehr bald die Therapeutenlaufbahn einschlägt, denn das Talent dazu hat sie wie nur ganz wenige, die ich kenne.

Es ist schon etwas dran, wenn man davon spricht, daß gerade Profisportler eine ganz besondere Einstellung zu ihrem Beruf haben. Gerade in der Zusammenarbeit mit Uwe Zimmermann wurde mir dies klar, denn egal, welche Affirmationen oder Imaginationen ich ihm auch gab, egal, welches Buch ich ihm empfahl, immer setzte er alles sofort um, und vor allen Dingen stand er auch in der Öffentlichkeit dazu. Egal, ob nach dem Pokal-Halbfinale in Köln, oder dem Endspiel in Berlin – jedesmal erwähnte der jeweilige Reporter, daß Uwe vor dem Spiel meditiere und dann mit einem aufmunternden Spruch auf den Lippen den Platz betrete. Uwe hat sich und seine Überzeugungen nicht vor der Presse, dem Trainer oder seinen Mitspielern versteckt, ganz im Gegenteil: Er gab die jeweiligen Empfehlungen auch an seine Mannschaftskameraden weiter und bot ihnen seine Unterstützung an.

• Ja, wenn die Zweifel nicht wären...

Obwohl man inzwischen aufgrund jahrzehntelanger Erfahrungen mit Imagination und Affirmation nachweisen kann, daß die Anwendung beider Methoden immer zu Ergebnissen führt, und obwohl es inzwischen Tausende von Büchern gibt, die dies anhand unzähliger Beispiele belegen, trauen die Menschen der Sache immer noch nicht so richtig. Zwar lesen viele, die ernsthafte Probleme haben, diese Bücher und beginnen auch oft damit, die empfohlenen Techniken anzuwenden, aber wenn sich innerhalb von zwei oder drei Wochen noch nichts Entscheidendes getan hat, hören sie meist ziemlich frustriert wieder damit auf, um danach sofort wieder ins alte Problemdenken zurückzuverfallen. Nun, wie kommt das? Ich glaube einfach, daß es meist daran liegt, daß der einzelne erst dann an sich zu arbeiten beginnt, wenn entweder der Gerichtsvollzieher bereits vor der Türe steht, die Bypassoperation unvermeidbar ist oder die Frau mit den Kindern schon endgültig das Haus verlassen hat – kurz,

wenn das Wasser einem schon an der Unterkante der Ober-
lippe steht. Genau in dieser Situation meinen dann viele, das
zeitlich begrenzte Herunterleiern von ein paar Bejahungen
im Fahrwasser von Angst und Sorge könnte ihre persönliche
Situation schlagartig verändern.

• Das kann es nicht sein

Zunächst einmal sind Affirmation und Imagination eine Art
geistiges Werkzeug, die beide die Aufgabe haben, die in
Ihrem Unterbewußtsein verankerten negativen Verhaltensmuster, welche oft schon seit vielen Jahrzehnten dort ansäs-
sig sind und sich bereits mehrfach als Negativerfahrungen
im Außen manifestiert haben, zu verändern. Obwohl positive Gegensuggestionen nicht Jahrzehnte brauchen, um
zunächst das innere Verhaltensmuster und im Anschluß daran die damit direkt verbundenen äußeren Umstände zu verändern, traut man all dem einfach noch nicht so richtig – vor
allen Dingen dann, wenn man bereits unter großem Druck
steht.
    Beispiel: Sie sind Brillenträger mit einer niedrigen oder
mittleren Dioptrienzahl. Wenn Sie nun damit beginnen, sich
täglich zwanzig bis dreißig Mal bewußt zu sagen: „Ich danke jetzt für meine perfekte Sehkraft und für meine gesunden
Augen." Wenn Sie dies meinetwegen länger als ein halbes
Jahr ganz konsequent praktizieren, wird sich Ihre Sehkraft
so wesentlich verbessern, daß Sie entweder zukünftig
schwächere Gläser bekommen oder Ihre Brille ganz wegle-
gen können. Das glauben Sie nicht? Dann probieren Sie es
doch aus! Ich habe in meinen früheren Büchern immer unter großem Aufwand nach fast jedem Kapitel Arbeitsblätter
eingeplant, von denen ich wußte, daß sie dann, wenn man

konsequent mit ihnen arbeitet, recht schnelle und ganz wunderbare Ergebnisse bringen. Wenn bei fast 60.000 verkauften Büchern aber mehr als einhundert Menschen wirklich mit diesen Arbeitsblättern gearbeitet haben, so ist dies viel gewesen, leider. Diejenigen, die meine Empfehlungen aber annahmen, berichteten mir oft zwei bis drei Monate später bereits von den tollsten Erfolgen.

• Das Mißtrauen ablegen

Wer nicht wirklich damit beginnt, das ewige Mißtrauen gegenüber diesen geistigen Techniken zum Teufel zu jagen und statt dessen die eigene Selbstdisziplin stärkt, der wird immer wieder versagen. Er sollte sich dann allerdings davor hüten, seine eigene Bequemlichkeit mit dem Versagen jahrmillionenalter Naturgesetze zu verwechseln. Wer mit positiv-konstruktivem Denken keine Ergebnisse erzielt, der kann mir nicht erzählen wollen, daß er es wirklich versucht hat. Wer dies trotzdem für sich reklamiert, der lügt entweder mich oder – was noch viel schlimmer ist – sich selbst an. Allein in den Briefen, die mich in schöner Regelmäßigkeit nach unseren Drei-Tages-Aktiv-Seminaren von den Teilnehmern erreichen, ist deutlich zu erkennen, daß es lediglich an der Disziplin und niemals am geistigen Gesetz liegt, wenn keine positiven Ergebnisse eintreten. Im Seminar aber arbeiten wir mit Gruppen bis zu dreißig Personen von morgens sieben Uhr bis abends zehn Uhr daran, alte Denk- und Verhaltensmuster aufzulösen und neue positive Energien aufzubauen. Genau diese dadurch entstehende immense Gruppendynamik und das „Wir-Gefühl" der Teilnehmer, aus der der einzelne sich einfach gar nicht getraut, „auszubüchsen", bringt im Endeffekt diese tollen Ergebnisse. Ich habe es dabei schon zigfach erlebt, daß Menschen nach drei Tagen bei uns ihre Brille nicht mehr brauchten, ihre oft jahrelang zerrüttete Ehe wieder reaktivierten oder auch beruflich plötzlich einen Erfolg an den anderen reihten, eben weil sie es einmal wagten, sich für ein Wochenende ganz intensiv mit diesem geistigen Gesetz zu beschäftigen, ohne daß sie in dieser Zeit irgendwie abgelenkt wurden. Investieren Sie doch auch einmal etwas Geld in Ihre persönliche Zukunft und besuchen Sie einmal eines unserer Drei-Tages-Aktiv Seminare Sie werden staunen, wie Sie sich selbst in nur 48 Stunden persönlich verändern können und wie sich Ihr Leben alsbald schon verändern wird.

• Affirmation und Imagination

– Arbeitsanleitung für Ihre persönliche Arbeit –

Ist es nicht so, daß wir alle unheimlich bequem und phlegmatisch geworden sind? Für vieles, was wir wollen, brauchen wir doch heute nur noch auf einen Knopf zu drücken, egal ob Garagentor, Haustür, Fernsehapparat, Stereoanlage, Licht oder Kaffeemaschine. Wenn man sich dann aber wirklich einmal etwas erarbeiten muß, ist uns dies meist schon zuviel. Ja, wenn wir unser Leben per Fernbedienung positiv gestalten könnten, dann dürfte dieses Gerät sogar fünftausend Mark kosten, und trotzdem würde es bald jeder dritte Haushalt besitzen. Gott sei Dank geht dies aber nicht, und zum Glück gibt es auch keine Spritzen, mit denen man Glück, Zufriedenheit und Gesundheit intravenös injizieren kann.

Lassen Sie mich deshalb noch einmal die wichtigsten Punkte und Regeln zu den Themen Affirmation und Imagination erläutern, damit vielleicht auch Sie nochmals einen Anstoß bekommen, konsequent mit diesen „wunderwirkenden" Methoden zu arbeiten.

Affirmation (auch Bejahung genannt)

Bitten Sie nicht, sondern bedanken Sie sich für das Erhaltene, denn Gott hat bereits alles, was Sie an Lösungen benötigen, in Ihrem Unterbewußtsein verankert – deshalb brauchen Sie niemals um etwas zu bitten. Sprechen Sie Ihre Bejahungen deshalb auch kühn wie jemand, der für etwas bereits Erhaltenes dankt, und nicht wie ein Bettler, der „pieps-stimmig" und unterwürfig um Almosen bittet. Sagen Sie **niemals** „Ich bin nicht krank", „Ich bin nicht arm" oder „Ich bin nicht unglücklich". Das Unterbewußtsein versteht immer nur den Zweck, also krank, arm, unglücklich, und genau das setzt es auch um. Sagen Sie also statt dessen: „Ich bin jetzt gesund", „Ich bin jetzt reich", „Ich bin jetzt glücklich".

Egal, was auch immer Sie erreichen möchten, stellen Sie sich Ihre eigene Bejahung möglichst kurz und prägnant nach diesem Muster zusammen: „Ich danke jetzt für meine sonnige Fünfzimmerwohnung." „Ich danke jetzt für den zu mir passenden Lebenspartner." „Ich danke jetzt für meinen perfekten Arbeitsplatz, der meinen Talenten und Fähigkeiten entspricht" und so weiter. Verwenden Sie immer das Wort „jetzt", denn wir leben immer nur im ewigen Jetzt; Vergangenheit und Zukunft existieren nun einmal nur in unserer eigenen menschlichen Vorstellung.

Wenn Sie sagen: „Irgendwann werde ich einmal glücklich sein", so wird Ihr Unterbewußtsein keinen Handlungsbedarf sehen, denn wann bitte ist denn „irgendwann"? Sprechen Sie Ihre Bejahungen auch so oft Sie können laut. Wenn dies nicht möglich ist, zum Beispiel am Arbeitsplatz – eben notgedrungen nur leise in Gedanken; dies ist fast genauso effektiv.

Imagination (auch Vorstellung genannt)

Hier geht es um die Vorstellung positiver Dinge, also um Visualisierung. Setzen oder legen Sie sich bequem hin und visualisieren Sie die Lösung Ihres Problems. Visualisieren Sie nicht den Weg dorthin, sondern sehen Sie sich so, wie Sie sich fühlen würden, wenn Ihr Problem bereits besiegt und gelöst wäre. Spüren Sie tief in sich, wie glücklich Sie dann wären, und lassen Sie dieses Gefühl in sich auftauchen. Vorstellungsbilder, die dabei vor Ihrem geistigen Auge entstehen, müssen keineswegs, wie viele meinen, klar und deutlich wie die Bilder auf dem Bildschirm eines Fernsehapparates sein. Viel wichtiger ist es, innerlich das Gefühl zu erzeugen, das in Ihnen aufkommen würde, wenn wirklich alles jetzt bereits erreicht wäre. Machen Sie diese Übung morgens vor dem Aufstehen und abends vor dem Einschlafen jeweils fünf bis zehn Minuten, und wiederholen Sie diesen sogenannten „inneren Spielfilm Ihres Glücks" täglich etwa zehn Mal für eine Minute in einer Art Kurzfassung. Dies können Sie auf der Toilette, auf einem Parkplatz, am Arbeitsplatz, in einem Wartezimmer, im Bus, der Straßenbahn, kurz gesagt überall tun.

Egal, wie gut es auch funktioniert, bleiben Sie auf alle Fälle täglich dran, denn auch mit Ihren Sorgen sind Sie zuvor auf diese Weise „schwanger" gegangen.

Das Wichtigste bei beiden Techniken ist: Tauschen Sie Ihre Sorgegedanken so lange gegen die positiven Bejahungen und Vorstellungen ein, bis Ihr Unterbewußtsein erkennt „Aha, der Chef will etwas Neues" und auf positive Ergebnisse umschaltet. Wie lange dies dauert, kann man nicht genau vorhersagen, aber seien Sie versichert: In sechs Monaten geschieht in der Regel sehr viel.

• Die 21-Tage-Regel

Eine Affirmation braucht immer etwa einundzwanzig Tage, bis Sie vom Unterbewußtsein angenommen wird. Das heißt, wenn Sie vor Ablauf von drei Wochen schon wieder damit aufhören sollten, war alles umsonst.

Bleiben Sie solange am Ball, bis sich etwas verändert, und wenn Ihnen diese Veränderung noch nicht genug ist, dann machen Sie eben weiter. Manche Dinge brauchen zwei, manche acht Monate, und eine Regel gibt es nicht. Aber es wird sich mit Sicherheit irgendwann ein Ergebnis zeigen. Am besten, Sie wiederholen immer dann Ihre Bejahungen, wenn Ihnen die dazugehörigen Sorgegedanken wieder in den Kopf kommen, und wenn dies in den ersten Tagen tausendmal der Fall ist. Sie werden erleben, wie schnell sich diese Sorgegedanken nach sechs bis sieben Wochen schon merklich zurückziehen.

Reden Sie auch mit niemandem über Ihre Bejahungen, der davon nichts oder nur wenig versteht. Halten Sie durch und lassen Sie sich niemals und von niemandem irritieren. Lesen Sie täglich in Ihren Büchern, feuern Sie sich immer wieder zum Durchhalten an, und denken Sie dabei daran: Nur am Ende der Wüste gibt es wieder reichlich Wasser. Wer in der Mitte aufgibt und die Wüste nicht ganz durchquert, der muß unweigerlich verdursten, auch wenn die Anfangsmotivation groß war.

• Legen Sie mutig los!

Seien Sie deshalb mutig und experimentieren Sie fröhlich und mit viel Enthusiasmus drauf los. Wenn sich der Erfolg dann einstellt, so schreiben Sie mir bitte und lassen Sie mich wissen, wie sich Ihr Problem gelöst hat.

• Ihnen wünsche ich viel Erfolg!

Ich wünsche mir zum Schluß, daß es mir mit diesem Buch gelungen ist, Ihnen ein paar neue Anstöße und Impulse zu vermitteln, und daß Sie von heute an schon ein paar Prozentpunkte zuversichtlicher geworden sind.

Das Leben selbst wird niemals problemlos verlaufen können, denn nur durch die Erfahrung der Problembewältigung können wir, wie Sie jetzt wissen, weiterkommen und uns entwickeln.

Eines aber sollten Sie wissen: Niemals wird Ihnen das Leben ein Problem vorsetzen, das Sie nach dem Stand Ihrer Entwicklung nicht lösen können. Seien Sie deshalb mutig und zuversichtlich, denn das Leben ist ein Gottesgeschenk, für das wir unserem Schöpfer nicht oft genug aufrichtig danken können.

Wir alle bekommen bei unserer Geburt ein kleines Licht in unsere Wiege gestellt. Bei dem einen brennt es länger, bei dem anderen weniger lange, aber während es brennt, sollten wir positiv und lebensbejahend denken und handeln, dankbar, daß wir hier sein dürfen, und wissend, daß uns vom Universum alles zur Verfügung gestellt wird, was wir brauchen, um ein reiches und erfülltes Leben führen zu können, wenn wir dies wirklich wollen.

*Man kann sein Leben weder verlängern noch verbreitern,
nur vertiefen!*

Wie bereits erwähnt, möchte ich Sie aber mit diesem Buch
nicht nur animieren, mit und an sich selbst zu arbeiten, um
Sie dann, wenn Sie einmal Anleitung und Hilfe brauchen,
letztendlich doch alleine zu lassen.

Monika Junghanns   Peter Kummer

Zusammen mit meiner Cheftherapeutin Monika Junghanns
und meinem gesamten Trainerteam stehe ich Ihnen nämlich
– wenn Sie dies wollen (und es sich wert sind) – das ganze
Jahr über jederzeit in unseren 3-Tages-Aktiv-Seminaren persönlich zur Verfügung. Dort können Sie unter fachkundiger
Anleitung ganz gezielt vorhandene Blockaden in Geist und
Körper, sowie Ängste aller Art auflösen und beides im
Handumdrehen in konstruktive Lebensenergie verwandeln,
um zukünftig erfolgreicher, gesünder und glücklicher leben
zu können. Erleben auch Sie, wie ein Mensch sich innerhalb
von 48 Stunden mit Hilfe der modernsten Methoden und
Techniken in Sachen Psychotherapie und konstruktivem
Denken nachhaltig positiv verändern kann.

Wenn Sie also Interesse an unseren Trainings haben, dann verwenden Sie bitte unseren Bestellcoupon am Ende des Buches und fordern Sie die dementsprechenden Unterlagen dafür bitte direkt bei mir an.

Peter Kummer
Autor und Seminarveranstalter
Strandbadstr. 2
78345 Moos-Iznang

Ich hoffe, ich konnte Sie mit diesem Buch davon überzeugen, daß Sie alles, was Sie sich wünschen, mit Hilfe Ihrer eigenen Kräfte auch erreichen können. In diesem Sinne wünsche ich Ihnen alles Liebe und Gute, Mut zum Tun, sowie Glück, Erfolg und Gesundheit.

Herzlichst Ihr

Peter Kummer

Literaturhinweise

Addington, J.E.: „Vollkommene Gesundheit an Körper, Geist und Seele", München 1981.

Auclair, M.: „Nimm Dein Glück selbst in die Hand", München 1991.

Bach, R.: „Die Möwe Jonathan", Berlin 1972; „Illusionen", Berlin 1978.

Bailes, F.: „Ich lebe glücklich", München 1986.

„Bhagavad Gita, Die": (Franz Hartmann), Calw 1970; (K.O. Schmidt), Hammelburg, 1984; (Helmuth Maldoner), Hamburg 1986; (Roy Eugene Davis), Friedrichsdorf 1980.

Börner-Kray, B.: „Der geistige Weg zum Überleben", München 1985.

Bradshaw, J.: „Das Kind in uns", München 1992.

Brennan, B.-A.: „Lichtarbeit", München 1994.

Bristol C.: „Entdecke Deine mentalen Kräfte"; „Die Kraft des Mentaltrainings", München 1985.

Brunton, P.: „Das Überselbst", Freiburg 1940.

Carnegie, D.: „Sorge Dich nicht, lebe!", München/Wien 1949.

Cole-Whittaker, T.: „Mentaltraining im Alltag", München 1987.

Curtis, D.: „ Wie man Probleme löst", München 1994.

Davis, R.: „So kannst Du Deine Träume verwirklichen"; „Wahrheitsstudien"; „Die Macht der Seele. Erlebte Wirklichkeit"; „Entfalte Dein inneres Potential", Friedrichsdorf 1979/93.

Emerson, R.W.: „Essays", Zürich 1982; „Das Emerson-Brevier" (K.O. Schmidt), Pforzheim 1980; „Spanne Deinen Wagen an die Sterne", Freiburg/Basel/Wien 1980.

Filmore, Ch.: „Die zwölf Kräfte des Menschen", Pforzheim 1992.

Fox, E.: „Die Kraft der universellen Energie", München 1982; „Die Bergpredigt", Pforzheim 1966.

Friebe, M.: „Das Alpha-Training"; „Das Omega-Training"; „Geh durchs Tor, Miranda"; „Vom Kopf zum Herzen" (Brevier für den Manager des neuen Zeitalters), Zürich 1990; „Das Sonnenbewußtsein", Schaffhausen 1995.

Gawain, S.: „Im Garten der Seele"; „Leben im Licht", München 1990; „Stell Dir vor", Basel 1984.

Golas, T.: „Der Erleuchtung ist es egal, wie Du sie erlangst", Basel 1979.

Goldsmith, J.S.: „Der Geist in uns lebt"; „Erleuchtung auf dem Weg zur Verwirklichung"; „Der Weg zum Unendlichen"; „Die Kunst der geistigen Heilung"; „Der Donner der Stille"; „Ein Leben zwischen zwei Welten"; „Die Kunst der Meditation", Argenbühl-Eglofstal 1969/80.

Griscom, Ch.: „Die Heilung der Gefühle/Angst ist eine Lüge", München 1988.

Haich, E.: „Einweihung", Ergolding 1985.

Hartmann, O.J.: „Der Mensch als Selbstgestalter seines Schicksals", Frankfurt/M. 1985.

Hay, L.: „Du bist Dein Heiler"; „Gesundheit für Körper und Seele", München 1989; „Liebe Deinen Körper", Freiburg 1990; „Wahre Kraft kommt von innen", Freiburg 1992.

Hill, N.: „Denke nach und werde reich", Genf 1975.

Holland, J.: „Liebe – Urquell Ihrer Kraft", Genf 1984.

Holmes, E.: „Vollkommenheitslehre", Friedrichsdorf 1985; „Der Schlüssel zu Deinem wahren Wesen"; „Der Schlüssel zum wahren Leben", Friedrichsdorf 1984; „Das hilft mir heute", Friedrichsdorf 1990.

Howard, V.: „Psycho-Pictographie", Düsseldorf 1966; „Durch mystische Weisheit zu kosmischer Kraft", München 1985.

Jampolsky, G.B.: „Lieben heißt, die Angst verlieren", München 1981.

Kelder, P.: „Die fünf Tibeter", Wessobrunn 1989.

Kirschner, J.: „Die Kunst, ein Egoist zu sein", München 1976.

Kummer, P.: „Nichts ist unmöglich", München 1992; „Wunderwerk Unterbewußtsein", München 1993; „Ich will, Ich kann, Ich werde!", München 1994; „Kurs in Wundern, Ein", Greuthof Verlag, Gutach, 1994; „Ab heute besser drauf", München 1995.

McLaine, S.: „Zwischenleben", München 1985; „Zauberspiel"; „Tanz im Licht", München 1986.

Mulford, P.: „Unfug des Lebens und des Sterbens", Frankfurt/M. 1977; „Die Möglichkeit des Unmöglichen", Berlin 1972; „Ausgewählte Texte", München 1986; „Alltagsphilosophie", Zürich 1982; „Seeleninventar", Zürich 1981; „Einer, der es wagt", Pforzheim 1970.

Müller, B.: „Energie der 12 Sonnen-Chakra-Strahlen", München 1993.

Murphy, J.: „Dein Recht auf Glück"; „Werde reich und glücklich", München 1993/94; „Die Macht Ihres Unterbewußtseins"; „Die Wunder Ihres Geistes"; „Energie aus dem Kosmos"; „Die Gesetze des Denkens und Glaubens"; „Das I-Ging Orakel"; „Dr. Murphys Vermächtnis"; „Die unendlich Quelle Ihrer Kraft"; „Der Weg zu innerem und äußerem Reichtum", Genf 1970 ff.; „ASW – Ihre außersinnliche Kraft"; „Finde Dein höheres Selbst"; „Das große Buch von Dr. Joseph Murphy"; „Das Superbewußtsein"; „Ihr Weg zu innerer Sicherheit"; „Die Kraft Ihres inneren Friedens"; „Die Kraft schöpferischen Denkens"; „Leben in Harmonie"; „Laß los und laß Gott wirken"; „Die Macht der Suggestion"; „Positiv leben ohne

Streß"; „Die Praxis des positiven Denkens"; „Tele-Psi. Die Macht Ihrer Gedanken", München 1979/93.

Paulson, S.: „Liebe Deinen Nächsten wie Dich selbst"; „Die 13 Gebote", Pforzheim 1980.

Ponder, C.: „Die dynamischen Gesetze des Reichtums", München 1980; „Bete und werde reich", München 1981.

Price, J.R.: „Deine Zukunft ist jetzt", München 1986; „Ramthia", Peiting 1989.

Redfield, J.: „Die Prophezeiungen von Celestine", München 1994.

Roberts, J.: „Gespräche mit Seth", Genf 1979.

Roger, J., McWilliams, P.: „Wie man seine Träume verwirklicht", Berlin 1993.

Schmidt, K.O.: „Ohne Furcht leben"; „Der innere Arzt"; „Ein neues Leben für das alte"; „Atom-Energie der Seele"; „Richtig denken – richtig leben"; „Gedanken sind wirkende Kräfte"; „Kehret wieder, Menschenkinder"; „Magie der Freude"; „Das ABC glücklichen Lebens"; „Sei geheilt"; „Wer denkt, er kann, der kann!"; „Wegweisende Weisheit"; „Der positive Mensch", Pforzheim 1970/73.

Schneider, R.: „Geistes-gegenwärtig leben", Friedrichsdorf 1987.

Sharamon, S., Baginski, B.: „Reiki – Universale Lebensenergie", Essen 1985.

Shinn, F.S.: „Das Lebensspiel und seine mentalen Regeln", München 1990; „Die Kraft Deiner Worte"; „Bitte, so wird Dir gegeben", München 1991; „Vertraue Deiner inneren Stimme", München 1992.

Silva, J.: „Die Silva-Mind-Methode", München 1988; „Silva-Mind-Control", München 1977.

Sogyal, R.: „Das tibetische Buch vom Leben und vom Sterben", München 1994.

Spalding, B.: „Leben und Lehren der Meister aus dem Fernen Osten", Band 1–5, Hammelburg 1961.

Streuer, M.: „Zauberformel Gedankenkraft", Genf 1982.

Taniguchi, M.: „Leben aus dem Geiste", Freiburg 1979; „Die geistige Heilkraft in uns", Freiburg 1981; „Erziehung zum Göttlichen", Hopferau 1983; „365 Schlüssel, um ohne Angst zu leben", München 1984.

Trine, R.W.: „In Harmonie mit dem Unendlichen", Stuttgart 1984.

Trixner, Annemarie: „Umarme Dein Glück", München 1995.

Wattles, W.D.: „ Das Gesetz des Reichwerdens", Friedrichsdorf 1993.

Wilde, S.: „ Wunder 2"; „Die Kraft ohne Grenzen"; „Affirmationen"; „Geld", „Leben war nie als Kampf gedacht", Basel 1990.

Wilhelm, R.: „I-Ging", München 1973.

Yogananda, P.: „Autobiographie eines Yogi", Baden-Baden 1979.

Kinderbücher:

Traschitzker, T.: „Pauli und die Wunschmaschine", Pforzheim 1996.

Frank, U.: „ Was passiert wenn ich sterbe?", Weiler im Allgäu 1989.

Zeitschriften:

„CSA Magazin für ein gesundes und erfülltes Leben", Herausgeber: Verlag CSA, Rosemarie Schneider, Postfach 4, 61381 Friedrichsdorf.

„Ja" – Monatszeitschrift für dynamische Lebensgestaltung und geistige Erleuchtung, Herausgeber: Frick Verlag GmbH, Postfach 447, 75177 Pforzheim.

„Lichtbrücke", Herausgeber: Die Brücke zur Freiheit e.V., Ballenstedter Str. 16 b, 10709 Berlin.

Für Geschäftsleute:

„Busy" Kommunikations + Trendmagazin, Anton-Schmidt-Str. 36, 71332 Waiblingen.

Für Österreich:

„Elflien News, Berichte und Infos für Positivdenker und alle, die es noch werden wollen." Gratisprobeheft anfordern bei: Elfi Lienhart, Postfach 13, A-8143 Dobl.

Bitte überlassen Sie mir kostenlos Unterlagen
über Ihre Drei-Tages-Aktiv-Seminare

»Nichts ist unmöglich«

_____
Name

_____
Straße

_____
PLZ / Ort

_____
Datum   Unterschrift

Bitte überlassen Sie mir kostenlos das
Informationsmaterial über die Firmenseminare von

Peter Kummer

im deutschsprachigen Raum

_____
Name

_____
Straße

_____
PLZ / Ort

_____
Datum   Unterschrift